ullstein

Das Buch

Markus Breitscheidel, Autor des Bestsellers *Abgezockt und totgepflegt*, hat undercover als Hilfskraft in der mobilen Pflege gearbeitet und dabei haarsträubende Dinge erlebt: Eine Frau musste stundenlang auf ein lebenswichtiges Medikament warten, ein vereinsamter Mann verlangte Sterbehilfe, eine Frau lag tot im Wohnzimmer. Patienten werden alle paar Tage von einem neuen Pfleger besucht, sind lethargisch, depressiv, verstört oder verwahrlost. Gleichzeitig werden die Pflegekräfte mit Niedriglöhnen abgespeist und zu vielen Überstunden genötigt – und können doch von ihrem Lohn kaum leben.

Breitscheidels Fazit: Bei der ambulanten Pflege zeigt sich unser sogenannter Sozialstaat von seiner schlechtesten Seite. Mit seinem Undercover-Report liefert er neuen Diskussions- und Zündstoff für die Pflegedebatte, die noch lange nicht zu Ende ist.

Der Autor

Markus Breitscheidel, Jahrgang 1968, war Marketingleiter einer großen Werkzeugfirma, bevor er sich als Undercover-Journalist einen Namen machte. In seinem Bestseller *Abgezockt und totgepflegt* enthüllte er die Zustände in deutschen Pflegeheimen und löste eine breite gesellschaftliche Diskussion aus. Er ist Autor für die Fernsehmagazine »Monitor« sowie »Panorama« und in Politik und Medien ein gefragter Experte zum Thema Pflege.

Von Markus Breitscheidel sind in unserem Hause
bereits erschienen:
Abgezockt und totgepflegt
Gesund gepflegt statt abgezockt
Arm durch Arbeit

Markus Breitscheidel

Gewaschen, gefüttert, abgehakt

Der unmenschliche Alltag
in der mobilen Pflege

Ullstein

Besuchen Sie uns im Internet:
www.ullstein-taschenbuch.de

Ungekürzte Ausgabe im Ullstein Taschenbuch
1. Auflage Dezember 2012
© Ullstein Buchverlage GmbH, Berlin 2011/Econ Verlag
© für Fotos: Markus Breitscheidel
Umschlaggestaltung: ZERO Werbeagentur, München
Titelabbildung: Plainpicture/Freiraum-Photo
Satz: LVD GmbH, Berlin
Gesetzt aus der Sabon
Papier: Pamo Super von Arctic Paper Mochenwangen GmbH
Druck und Bindearbeiten: GGP Media GmbH, Pößneck
Printed in Germany
ISBN 978-3-548-37470-3

Inhalt

Vorwort

Es war etwa vor zehn Jahren, als ich in meinem Dorf die erste polnische Pflegekraft mit einem älteren Dorfbewohner sah. Sie gingen an der Mosel spazieren. Nach nur wenigen Tagen war sie im ganzen Dorf bekannt und wurde recht abwertend einfach »die Polin« genannt. Jeder wusste, dass sie weder im Besitz einer Arbeitserlaubnis noch sozialversichert war und also illegal in unserem Dorf arbeitete. Die einzige Tochter des alten Herrn lebte ein paar hundert Kilometer entfernt und seine Ehefrau war nach langer qualvoller Krebserkrankung im letzten Herbst gestorben. Wer sollte sich also um den pflegebedürftigen Herrn kümmern, ihn versorgen und pflegen? Warum wurde eine polnische Pflegerin eingestellt? Und wie sieht der Alltag in der häuslichen Pflege überhaupt aus?

Dieses Erlebnis war der Schlüssel für mein erstes Buch. In meiner Undercover-Recherche »Abgezockt und totgepflegt« habe ich mich in die Tiefen des Systems Altenpflege begeben und die erschütternden Missstände in deutschen Pflegeheimen aufgedeckt. Doch der weitaus größte Teil der pflegebedürftigen Menschen wird in den eigenen vier Wänden gepflegt, von Angehörigen oder – teilweise von diesen unterstützt – durch mobile Pflegekräfte.

Ich erinnerte mich an die Szene in meinem Heimatort und wollte wissen, unter welchen Bedingungen heute Menschen von Pflegekräften zu Hause betreut werden. Dafür habe ich mich für zwölf Monate in vier verschiedenen Städten als

Hilfskraft in der ambulanten Pflege einstellen lassen. Ich wollte wissen, wie sich die Menschen fühlen, die täglich miteinander im sensiblen Bereich der Pflege zu tun haben: die Pflegekräfte, die zu Pflegenden und deren Angehörige. Ich wollte wissen, wie es ist, tagtäglich mit einem kleinen Auto der verschiedensten Pflegeunternehmen in unseren Städten unterwegs zu sein und unter hohem Zeitdruck alte und kranke Menschen zu versorgen. Gespannt wie so ein Alltag wirklich aussieht, machte ich mich auf den Weg ...

Profitabel – das Geschäft mit der Weiterbildung

Als Ausgangspunkt für meine Recherche habe ich mir die deutsche Hauptstadt ausgesucht. Hier fühle ich mich nicht nur wohl und habe viele Freunde, sondern es gibt auch eine Fülle von Anbietern – sowohl für die Ausbildung von Pflegekräften als auch ambulante Pflegedienste. Bevor ich mit der praktischen Arbeit beginne, entschließe ich mich, vorab noch einen Pflegekurs zu belegen. Bald will ich, so mein Ziel, pflegebedürftige Menschen in ihrem Zuhause betreuen. Bei dieser Arbeit ist man in den meisten Fällen alleine unterwegs, auf sich und sein Können angewiesen.

Um meine Kenntnisse wieder aufzufrischen, entschließe ich mich für den Pflegebasiskurs. Er gilt als idealer Einstieg in die Zukunftsbranche Pflege, besonders für den ambulanten Bereich. Zu den Lehrgangsinhalten zählen sowohl die pflegerischen als auch die medizinischen Grundlagen. Mein besonderes Augenmerk gilt dabei der medizinischen Versorgung der Pflegebedürftigen. Ich will nur einfach sicher sein, dass ich bei einem medizinischen Notfall in der Lage bin, richtig und bestmöglich zu agieren.

So ging ich wie bei meinen vorherigen Recherchen für das Buch »Abgezockt und totgepflegt«[1] erst einmal zur nächsten Agentur für Arbeit, um im Berufsinformationszentrum mehr

---

[1] Markus Breitscheidel, Abgezockt und totgepflegt, Econ Verlag, Berlin 2005

über den Kurs zu erfahren. Und ich wurde sehr schnell fündig. Unter der »Maßnahmennummer 955–279–09« fand ich mehrere Anbieter. Mir fiel sofort auf, dass die Lehrgangsdauer für inhaltlich weitgehend gleiche Lehrgänge von Institut zu Institut variierte. So dauerte z.B. bei einem Institut der Kurs fünf Wochen, bei einem anderen wurde der gleiche Ausbildungslehrgang für drei Monate angeboten. Selbst bei den nachfolgenden Praktika differierten die Zeiten von 14 Tagen bis hin zu drei Monaten. Ich druckte mir das zeitlich kürzeste und langwierigste sowie auch einen Vertreter aus dem reichhaltigen Mittelfeld aus. Ich ging sofort los, um als Erstes beim Bildungsinstitut Sani Kolleg GmbH*[2] weitere Informationen einzuholen.

In drei Monaten zum Pflegeassistenten

Ich benötigte einige Zeit, die angegebene Adresse in der stark frequentierten Einkaufspassage zu finden. Völlig unscheinbar wies lediglich ein normales Klingelschild auf den Anbieter hin. Das Treppenhaus sah ziemlich schäbig aus und der Lift klapperte beängstigend laut. Erst in der dritten Etage war zu sehen, dass sich hier tatsächlich ein Bildungsinstitut befand. Bereits vor dem Eingangsbereich stand eine Gruppe von Menschen, mit Lehrgangsmappen unterm Arm, vor dem Kopiergerät. Ich zwängte mich vorbei und kam direkt zum Empfang. Dort fragte mich sofort eine nette Dame:
Sek.: »Kann ich Ihnen behilflich sein?«

---

[2]   Alle bei Erstnennung mit * versehenen Namen wurden verfremdet.

MB: »Ja, ich suche Informationen zum Pflegebasiskurs.«

Sek.: »Haben Sie einen Moment Zeit mitgebracht?«

MB: »Ja.«

Sek.: »Dann nehmen Sie mal Platz. Ich sag' der zuständigen Mitarbeiterin Bescheid.«

Während der 20-minütigen Wartezeit kam der Kopierer nicht zum Stillstand. Der komplette Empfangsbereich roch intensiv nach Toner und hätte eine ordentliche Lüftung bitter nötig gehabt. Dabei wurde die Schlange vor dem Kopiergerät länger und länger. Durch den fehlenden Sauerstoff und den monoton vor sich hin ratternden Kopieraufsatz war ich schon fast eingenickt, als mich die Mitarbeiterin endlich erlöste.

MA: »Sie sind also der junge Mann mit Interesse am Pflegebasiskurs?«

MB: »Ja, der bin ich!«

MA: »Wir gehen am besten in mein Büro.«

Wir mussten durch einige für mich sehr unübersichtliche Gänge, ehe wir ihr Büro erreichten.

MA: »Sind Sie initiativ vorbeigekommen?«

MB: »Ja.«

MA: »Auf dem Amt schon mal nachgefragt?«

MB: »Nein, noch nicht. Warum sollte ich?«

MA: »Um den Kurs über einen Bildungsgutschein abzurechnen! Doch das können wir später klären. Der nächste Kurs beginnt schon recht bald. Vielleicht können Sie daran noch teilnehmen.«

MB: »Wann beginnt er denn genau?«

MA: »In drei Tagen und der nächste erst in einem halben Jahr.«

MB: »Schön, haben Sie denn schon genügend Teilnehmer zusammen? Nicht, dass ich jetzt in voller Eile alle Formalitäten erledige und der Kurs dann ins Wasser fällt.«

MA: »Wir können Ihnen garantieren, dass der Kurs stattfindet.«

MB: »Gut, wie sind Ihre Unterrichtszeiten?«

MA: »Der Unterricht geht täglich von 8 bis 15 Uhr.«

MB: »Und wie lange dauert der Kurs?«

MA: »Also, wir haben in den ersten drei Monaten komplett Theorie und darauf folgt das Praktikum. Dieses ist von Ihnen frei wählbar, d.h. Sie können selbst entscheiden, wohin Sie möchten.«

MB: »Das wären dann drei Monate Vollzeit in Ihrer Schule und wie lange muss ich dann noch arbeiten?«

MA: »Das Praktikum umfasst genau noch einen zusätzlichen Monat. Dann kommen Sie zu uns zurück und machen sowohl die praktische wie auch die theoretische Abschlussprüfung hier im Haus. Falls Sie bestehen, bekommen Sie ein Zertifikat, ansonsten eine Teilnahmebestätigung. Danach sind Sie komplett anerkannt und können sich bewerben.«

MB: »Gut, welche Unterlagen benötigen Sie zur Anmeldung?«

MA: »Haben Sie Ihre üblichen Bewerbungsunterlagen wie z.B. Ihren Lebenslauf dabei?«

MB: »Nein, da ich dies für die Anmeldung bei einer Schule bisher nie benötigt habe. Und auf der ARGE[1] hat man mir ganz lapidar erklärt, dass ich es doch einfach mal in der Pflege versuchen soll.«

MA: »Gut gesagt, doch wissen Sie eigentlich, was Sie da erwartet? Die Pflege bietet zwar einige gute und vor allem schnelle Möglichkeiten, in Arbeit zu kommen, doch längst nicht jeder ist für diesen Job geeignet. Wenn man dann erst

---

1 Agentur für Arbeit

im Praktikum feststellt, was auf einen zukommt, waren die zwölf Wochen Theorie schnell umsonst!«

MB: »Tja, da bleibt mir nur die Möglichkeit, es zu versuchen. Nur dann kann ich sicher sein, ob die Pflege das Richtige ist für mich.«

MA: »Gut, dann gebe ich Ihnen noch das Formular zum Ausfüllen. Einen Führerschein haben Sie, ja?«

MB: »Der ist zum Glück vorhanden.«

MA: »Gut, der Kurs heißt bei uns Hausfamilienkurs, weil er für die ambulanten wie auch für die stationären Einrichtungen ausgearbeitet ist. Da die ambulanten Pflegekräfte oftmals auch hauswirtschaftliche Betreuung machen, ist dies auch ein wichtiger Teil Ihrer Ausbildung. Dafür ist in den meisten Fällen eine Fahrerlaubnis notwendig.«

Währenddessen legte sie mir den Anmeldebogen vor. Nachdem ich die persönlichen Daten eingetragen hatte, ging es um den Kostenträger.

MA: »Hier müssen Sie ganz einfach Ihre Kundennummer bei der Arge eintragen, um den Rest kümmern wir uns dann. Sobald der Bildungsschein vorliegt, kann es für Sie auch schon losgehen. Haben Sie sonst noch Fragen?«

MB: »Ja, vermitteln Sie auch die Praktikumsplätze?«

MA: »Natürlich, wir haben beste Kontakte. Wissen Sie schon, ob ambulant oder stationär?«

MB: »Lieber im ambulanten Bereich, also in der mobilen Pflege.«

MA: »Ich war selbst lange in der Pflege tätig und habe früher auch eher in der ambulanten Pflege gearbeitet, weil es mir doch noch etwas menschenfreundlicher erschien.«

MB: »Dann können Sie mir doch bestimmt etwas über die Einstiegs- und Verdienstmöglichkeiten sagen.«

MA: »Wir haben jetzt bald den Mindestlohn und für den

Einstieg arbeiten wir intensiv mit Randstad zusammen. Das ist eine ›Leasingagentur‹. Bei der war ich selbst auch länger beschäftigt und das klappte ganz gut.«

Gleichzeitig drückte sie mir eine Karte der Zeitarbeitsfirma in die Hand. Erst jetzt fiel mir auf, dass ihr komplettes Büro mit Werbematerial von Randstad »geschmückt« war. Und wie elegant sie das Wort »Leiharbeit« umgangen hatte. Dabei hielt sie sich korrekt an die Sprachregelung, die nach Erscheinen meines Buches »Arm durch Arbeit« vom Verband der Zeit- und Leiharbeit vorgegeben wurde.

Werden hier künftige Leiharbeiter auf Kosten des Arbeitsamtes und damit der Steuerzahler ausgebildet? Da will ich nachhaken:

MB: »Wenn es doch so gut bei Ihnen funktioniert, warum sind Sie dann jetzt hier und nicht für Randstad im Einsatz?«

Dabei hatte ich sie erwischt. Sie lief feuerrot an und wich aus:

MA: »Hm, äh … So, dann hätten wir jetzt alle Angaben. Meine Kollegin macht Ihnen dann schnell die Anmeldung fertig und dann wären wir soweit. Diese geben Sie Ihrem Vermittler beim Arbeitsamt – Sie erhalten Ihren Bildungsgutschein und schon kann es für Sie losgehen.«

MB: »Schön, auch wenn Sie damit meiner letzten Frage ausgewichen sind. Aber manchmal ist keine Antwort eben auch eine. Was würde der Kurs eigentlich für einen Selbstzahler kosten?«

MA: »Das weiß ich nicht. Dies ist in den zwei Jahren, die ich hier arbeite, kein einziges Mal vorgekommen.«

In diesem Moment schaltete sich die zweite noch anwesende Mitarbeiterin ein.

MA2: »Die Kursgebühr liegt genau bei 2000 Euro und wird von der ARGE übernommen. Machen Sie sich keine Sorgen, das ist hier so üblich!«

MB: »Vielen Dank und einen schönen Tag.«

Ich fasste für mich zusammen: Sani Kolleg bietet den Pflegebasiskurs in vier Monaten inklusiv einem Monat Praktikum für insgesamt 2000 Euro Kursgebühr an. Gespannt suchte ich den nächsten Bildungsträger auf, um dessen Konditionen zu erfahren.

Die Subsis GmbH – Wir sichern Ihnen einen Job

Erst nach mehrmaligem Nachfragen fand ich die Subsis GmbH* im hintersten Gebäude eines Häuserkomplexes. Das im Jahre 2002 gegründete Fortbildungsunternehmen arbeitet wie Sani Kolleg eng mit der ARGE zusammen. Somit bekommt das Institut Schüler quasi frei Haus geliefert und scheint eine plakative Außendarstellung nicht nötig zu haben.

Auch hier ließ man mich zunächst längere Zeit im Gang warten, bis ich in das recht schmale Büro vortreten durfte. Es herrschte hektisches Treiben. Während eine Mitarbeiterin rasant auf der Tastatur des Computers klimperte, kopierte ein anderer Kollege gerade Unterrichtsmaterialien. Beide ignorierten mich eine Weile. Erst als ich mich mehrmalig laut räusperte, wandte sich der Kollege am Kopierer zu mir.

MA: »Was kann ich für Sie tun?«

MB: »Ich habe Interesse am Pflegebasiskurs und wollte mich bloß mal informieren.«

Ohne mir einen Sitzplatz anzubieten, legte der Herr los, um mich in schnellen Sätzen recht hurtig abzufertigen.

MA: »Wir beginnen mit dem nächsten Pflegebasiskurs am 21. Juni bei uns im Hause. Wir führen den Kurs modular durch, das heißt, es gibt zunächst einen theoretischen Block in unseren Unterrichtsräumen. Danach folgt eine fachpraktische Unterweisung im Bereich einer stationären oder aber auch ambulanten Einrichtung. Daraufhin kommen Sie wieder zur Vorbereitung auf die Abschlussprüfung in unsere Schule. Wir bieten den ganzen Kurs auch noch in Verbindung mit einer Fahrerlaubnis der Klasse B an. Falls Sie noch keinen Führerschein haben, können Sie den praktischerweise auch noch bekommen. Und zu guter Letzt können wir Ihnen sowohl stationär wie ambulant eine Jobgarantie bieten. Noch Fragen?«

MB: »Wie lange dauert der Kurs?«

MA: »Der Kurs geht über insgesamt zehn Wochen. Erst sechs Wochen Theorie, dann vier Wochen fachpraktischer Teil und danach ist die Abschlussprüfung.«

MB: »Wie sind die täglichen Unterrichtszeiten?«

MA: »Montags bis freitags jeweils von 8 bis 15 Uhr.«

MB: »Vermitteln Sie das Praktikum oder muss ich mich selbst auf die Suche machen?«

MA: »Sie haben die Möglichkeit, sich eigenständig eine Einrichtung zu suchen. In den meisten Fällen vermitteln wir, durch intensive Kontakte in der Branche, die Plätze selbst. Wir arbeiten mit Vertragspartnern zusammen, bei denen Sie problemlos den fachpraktischen Teil absolvieren können.«

MB: »Sie arbeiten mit Vertragspartnern zusammen, wie kann ich das verstehen?«

MA: »Ganz einfach. Die Vertragsunternehmen unterstützen unsere Akademie und im Gegenzug vermitteln wir ihnen top ausgebildetes Personal.«

MB: »Aber ist denn dann ein Praktikum noch notwendig?«

MA: »Natürlich! Es ermöglicht Ihnen, schneller in Arbeit vermittelt zu werden.«

MB: »Doch Sie meinten selbst, dass es gar nicht so schwierig sei, in der Pflegebranche einen Job zu finden. Macht ein vierwöchiges Praktikum dann wirklich noch Sinn?«

MA: »Diese Zeit ist sicherlich ein Gewinn für Sie, denn Sie sammeln die ersten praktischen Erfahrungen und werden in die täglichen Abläufe eingeführt. Das erhöht Ihre Chancen enorm!«

MB: »Und was kann ich in den vier Wochen verdienen?«

MA: »Ich sage es noch einmal. Sie sammeln Erfahrungen, die Ihnen in der späteren Bewerbungsphase äußerst hilfreich sein können. Zudem bekommen Sie nach erfolgreicher Abschlussprüfung ein Zertifikat, und wir vermitteln Sie dann gerne in unsere Partnerbetriebe.«

MB: »Also sparen sich die Unternehmen die recht kostenintensive Einarbeitungsphase und bekommen so schon einen kostenlosen Einblick in meine Leistungsfähigkeit. Und wovon soll ich in dieser Zeit leben? Schließlich muss ich auch während des Praktikums meine Miete bezahlen bzw. ab und an was essen?«

MA: »Machen Sie sich keine Sorgen, in dieser Zeit übernimmt das Arbeitsamt Ihre Kosten. Sie bilden sich schließlich weiter und erhöhen dadurch Ihre Vermittlungschancen.«

MB: »Und was kostet der Kurs?«

MA: »Hm, ja. Es gibt zwei Möglichkeiten – also, wenn Sie ihn selbst bezahlen, was selten vorkommt, dann sind es 864 Euro. Ich empfehle Ihnen, die Ausbildung über eine zertifizierte Maßnahme der Arbeitsagentur laufen zu lassen. Dann können Sie das Geld sparen. Normalerweise geht das völlig reibungslos über einen Bildungsgutschein.«

MB: »Dafür müsste ich wohl arbeitslos gemeldet sein – oder?«

MA: »Ich denke schon, doch das ist heutzutage das geringste

Problem und eine Sache von wenigen Stunden. Schließlich sind Sie nachher in der Branche sehr gut vermittelbar.«

MB: »Und was kann ich nach dem Abschluss verdienen?«

MA: »Der durchschnittliche Bruttolohn liegt je nach Bundesland zwischen 1200 und 1800 Euro. Für Berlin sind es eher die 1200 Euro.«

MB: »Das reicht gerade mal, um die Kosten zu decken. Wie kann ich mich nach dem Kurs weiterbilden?«

MA: »Wir bieten aufbauend auf dem Basiskurs die einjährige Ausbildung zum geprüften Pflegehelfer oder die dreijährige Ausbildung mit abschließendem Examen an.«

MB: »Und auch hier könnten Sie mir bei Ihren Vertragspartnern eine Stelle besorgen?«

MA: »Natürlich, jederzeit und vor allem sofort!«

MB: »Schön, dann lass ich mir das Angebot durch den Kopf gehen und melde mich bei Ihnen. Vielen Dank und einen schönen Tag.«

Die Soziale Akademie – Ausbildung zum Niedrigstpreis

Zurück in meiner kleinen Wohnung, wollte ich es jetzt genau wissen. Also ran an den Computer und die Suchmaschine mit den Begriffen »Pflegebasiskurs in Berlin« gefüttert. In wenigen Sekunden bot mir Google eine Vielzahl von Angeboten auf dem freien Markt – ganz ohne die Vermittlung durch die Agentur für Arbeit. Schon das zweite erregte sofort meine Aufmerksamkeit. Es handelte sich dabei um einen Link zu den Seiten von ebay. Sollte es wirklich möglich sein, einen Kurs zu ersteigern? Und vor allem zu welchen Konditionen?

Mein Interesse war geweckt, gespannt klickte ich die Seiten an. Ich traute meinen Augen nicht, was ich da zu sehen bekam. Hier boten mehrere Anbieter ihre Kurse an, und auch hier klafften sowohl die Dauer als auch die zu zahlende Gebühr weit auseinander. Das günstigste Angebot lag bei fünf Wochen für sagenhafte 350 Euro. Ich entschied mich für den sofortigen Kauf. Bereits zwei Stunden danach erhielt ich einen Anruf.

MA: »Schönen guten Tag. Sie haben soeben bei uns den Pflegebasiskurs gebucht und ich würde Ihnen gern die Kursunterlagen zukommen lassen. Sind Sie aus Berlin?«

MB:« Ja, ich wohne in Tempelhof.«

MA: »Würde es Ihnen was ausmachen, kurz bei uns vorbeizuschauen?«

MB: »Nein, in welchem Stadtteil sind Sie?«

MA: »Unsere Akademie befindet sich im Prenzlauer Berg. Wenn Sie möchten, können Sie gleich kommen.«

MB: »Ja, gerne. Was benötigen Sie von mir für die Anmeldung?«

MA: »Lediglich die vereinbarten 350 Euro Kursgebühr und dann kann es losgehen.«

MB: »Wann beginnt denn der Kurs?«

MA: »Dieser Lehrgang ist modular aufgebaut, so dass sie jeden Montag neu einsteigen können.«

MB: »Also, ab Montag beginnt dann der Unterricht und in fünf Wochen bin ich fertig?«

MA: »Genau, wir haben montags von 18 bis 21 Uhr Unterricht in unseren Seminarräumen, den Rest erledigen Sie einfach von zu Hause.«

MB: »Wie soll ich das verstehen?«

MA: »Ganz einfach. Sie bekommen eine Lehrgangsmappe und für jede Woche ein Hauptthema. Das bereiten Sie in Ruhe jeden Tag zu Hause vor, und wir festigen dann Ihr Wissen einmal wöchentlich.«

MB: »Also bin ich lediglich drei Stunden die Woche in Ihrer Akademie und den Rest erledige ich in Eigenverantwortung selbst?«

MA: »So ist es. Deshalb können Sie auch heute schon beginnen, vorausgesetzt Sie zahlen die Kursgebühr.«

MB: »Mach ich! In einer Stunde bin ich bei Ihnen.«

Jetzt war keine Zeit zu verlieren, noch kurz am EC-Automaten vorbei und los ging es. Unterwegs dachte ich über die Preisgestaltung und das Unterrichtsmodell meines Instituts nach. Die Gebühr von 350 Euro war im Gegensatz zu den 2000 Euro des Vollzeit-Anbieters halbwegs aus dem eigenen Portemonnaie bezahlbar. Doch viel entscheidender waren die relativ kurzen und auf einen Abend in der Woche begrenzten Unterrichtszeiten. So konnte man sich flexibel vorbereiten und zumindest theoretisch tagsüber noch anderen Tätigkeiten oder Jobs nachgehen.

Nach einem Torbogen auf der rechten Seite hing ein kleines, unscheinbares Schild, das auf die Existenz der Akademie hinwies. Der kleine Anbau hatte in etwa die Größe einer Doppelgarage und noch bevor ich klingelte, machten sich bereits leichte Zweifel bei mir bemerkbar. Wo sollte denn hier der Unterricht stattfinden? Doch da öffnete sich die etwas aus den Fugen geratene Eingangstür und vor mir stand die Inhaberin der Sozialen Akademie. Direkt rechts vom Flur konnte ich einen Unterrichtsraum erkennen. Dieser fensterlose Raum war mit circa 30 Stühlen und einer alten Leinwand ausgestattet. Beim besten Willen – sollte ich hier bei voller Besetzung volle drei Stunden sitzen und etwas lernen? Das konnte ich mir nicht vorstellen.

Ich folgte der Frau nach links in einen etwa halb so großen Raum. Hier waren zwei PC-Arbeitsplätze, doch wer aber den zweiten Platz belegen wollte, müsste zumindest über den Stuhl des ersten klettern oder diesen zuvor aus dem muffigen Raum entfernen. Einziger Lichtblick war ein großes Fenster und die fast schon zu große Freundlichkeit der Inhaberin.

Schnell drückte sie mir das Anmeldeformular in die Hand, und ich füllte das Blatt in wenigen Minuten mit meinen persönlichen Daten.

MB: »So, jetzt habe ich das Formular ausgefüllt.«

MA: »Das ist gut. Haben Sie auch das Geld dabei?«

MB: »Wie vereinbart in bar.«

MA: »Gut, dann kann ich Ihnen gleich eine Rechnung schreiben.«

Sie legte einen neuen Datensatz mit meinen Angaben an, doch der altersschwache Computer stürzte schon während der ersten Buchstaben ab. Ich schaute mich inzwischen etwas um und erst jetzt fiel mir die Ruhe auf. Mir wurde langsam klar, dass ich mit der Chefin alleine in der Akademie war.

MB: »Finden hier zurzeit Kurse statt?«

MA: »Aber natürlich. Wir bilden Sicherheitsfachkräfte und Heilpraktiker aus. Doch auch, wie bei Ihnen, in Fernkursen mit einmal wöchentlichem Unterricht.«

MB: »Und wer leitet den Unterricht?«

MA: »Das macht alles mein Sohn, doch den werden Sie ja am Montag kennenlernen. So, jetzt ist auch Ihre Rechnung fertig. Dann hätte ich sehr gerne die 350 Euro von Ihnen.«

MB: »Na klar. 100, 200, 300 und noch einen Fünfziger, dann passt es ganz genau.«

MA: »Prima, dann kann ich ja meinen Lieblingsstempel benutzen.«

Sie griff in das einzige Regal, nahm eine prallgefüllte blaue Mappe heraus, entfernte die Kunststoffhülle und sagte ganz feierlich:

»So, das sind Ihre Kursunterlagen. Sie beginnen somit ab dem jetzigen Zeitpunkt und in fünf Wochen ist schon alles erledigt. Ich möchte Sie bitten, für Montag die Themen Ernährung, Hygiene und Lagerung vorzubereiten. Mein Sohn wird Sie dann auch in die praktischen Teile wie zum Beispiel Lagerung einführen.«

MB: »Das ist ja ganz schön umfangreich. Kann ich das denn wirklich in fünf Wochen packen?«

MA: »Machen Sie sich keine Sorgen. Mein Sohn und ich tun alles dafür, dass Sie die Abschlussprüfung bestehen. Doch ich muss Ihnen Recht geben, vom Lernumfang her sind das in etwa 90 Prozent des Lernstoffs für das Examen. Ich empfehle Ihnen mindestens vier Stunden pro Tag zu pauken, sonst wird es auch mit Unterstützung sehr schwierig.«

MB: »Dann hätte ich nur noch eine Frage: Wie sieht das eigentlich mit einem Praktikum aus? Bei den anderen Schulen waren mindestens vier Wochen Pflicht.«

MA: »Soweit mir bekannt ist, schreibt das Gesetz nicht unbedingt ein Praktikum vor. Doch ich würde Ihnen eine 14-tägige Einweisung schon empfehlen.«

Ich bedankte mich für die Informationen und verabschiedete mich.

Pflegehelfer oder Demenzbetreuer?

Nach den Gesprächen mit den verschiedenen Bildungsinstituten blieben bei mir doch leichte Zweifel über den Sinn und Zweck dieses Ausbildungskurses. Ich fragte mich, ob für die doch mehr praktisch ausgerichtete Tätigkeit einer Pflegehilfskraft diese umfangreiche und sehr ins Detail gehende medizinisch-theoretische Ausbildung erforderlich ist. Zudem zeigten die Angebote hinsichtlich der Lerninhalte ziemliche Unterschiede, was vor allem die medizinische Fachkunde betraf. Es müsste doch einheitliche Richtlinien für einen Pflegebasiskurs geben, dachte ich. So kramte ich mein altes Sozialgesetzbuch aus und blätterte intensiv nach – leider ohne Erfolg. Hier war nichts über den Pflegebasiskurs zu finden. Ich benötigte wohl die neueste Fassung des Gesetzes und tauchte mal wieder im Internet ab. Doch auch in der aktuellsten Fassung war der Pflegebasiskurs nicht erwähnt. Lediglich im Sozialgesetzbuch XI fand ich unter §87b III einen neuen Paragrafen, der den Tätigkeitsbereich von zusätzlichen Betreuungskräften speziell für Pflegeheime – genannt Demenzbetreuer – regelt. Die Aufgabengebiete des so genannten Demenzbetreuers unterscheiden sich allerdings gravierend von den Tätigkeitsfeldern des Pflegehelfers.

Während der Demenzbetreuer lediglich eine zusätzliche Betreuungskraft für Gespräche und Aktivierungsmaßnahmen sein soll, ist die Pflegehilfskraft aktiv mit pflegerischen Aufgaben wie Waschen, Ausziehen, Lagern usw. beschäftigt und ausgebildet. Für diesen Bereich konnte ich allerdings keine gesetzliche Regelung finden. Dies erklärt auch, warum die verschiedenen Bildungsinstitute so unterschiedliche Lehrgänge anbieten. Interessant ist dabei allerdings, wie selbstverständlich diese Lehrgänge durch Bildungsgutscheine staatlich gefördert werden. Ob dies sinnvoll ist, möchte ich in den nächsten Monaten herausfinden.

Doch jetzt hieß es, sich zunächst auf den Unterricht am kommenden Montag vorzubereiten. Im Komplex Lagerung lernte ich die verschiedenen Möglichkeiten kennen, Liegegeschwüren (Dekubitus) vorzubeugen. Dabei musste ich mich zwingend mit der Anatomie und den Funktionen der menschlichen Haut auseinandersetzen. Auch hier geht der Kurs intensiv ins Detail und verlangt von mir als Teilnehmer schon eine gewisse Vorbildung. Ich kann mir kaum vorstellen, wie jemand ohne Schul- und Ausbildungsabschluss den Stoff bewältigen kann. Dabei soll doch genau dieses Kursangebot solchen Menschen einen ersten Schritt in den Zukunftsmarkt Pflege gewähren. Ich war gespannt, wie der erste Unterricht verläuft und vor allem, wer daran teilnimmt. Aus diesem Grund war ich am Montag zeitig da, um den einen oder anderen Kursteilnehmer vielleicht schon vor Unterrichtsbeginn kennenzulernen.

Vor dem großen Aschenbecher im Eingangsbereich standen schon zwei Damen mittleren Alters. Eine von ihnen war Rita H., die etwas korpulent und recht ungepflegt war. Ihre Haare glänzten so fettig, als hätten sie über Wochen kein frisches Wasser gesehen und trotz intensiven Raucherqualms roch der gesamte Eingangsbereich nach ihrem Schweiß. Ich ertappte mich bei dem Gedanken, dass diese Dame erst mal einen Kurs für persönliche Hygiene und Pflege absolvieren sollte, ehe sie alte oder kranke Menschen pflegen darf.

Daneben stand die etwas jünger aussehende Vanessa D., deren unzählige Tätowierungen mich beeindruckten.

MB: »Hallo, macht ihr auch den Basiskurs?«

RH: »Ja, bin schon fast durch und du?«

MB: »Heute ist mein erster Unterricht. Bin schon gespannt!«

RH: »Das ist keine große Sache. Herr Weiß ist ein super Lehrer und nimmt sich Zeit für jeden.«

MB: »Gut, denn da ist ja einiges zu lernen. Bin jeden Tag gut vier Stunden beschäftigt. Wie macht ihr das?«

RH: »Ging mir in der ersten Woche genauso, doch nach dem Unterricht war mir klar, wer hier aufpasst, ist bestens für die Abschlussprüfung vorbereitet.«

MB: »Wie meinst du das?«

RH: »Ganz einfach. Man kapiert schnell, welches Thema prüfungsrelevant ist und welches man vernachlässigen kann.«

In diesem Moment öffnete sich die Tür zum Lehrraum und Herr Weiß begrüßte uns sehr freundlich. An diesem Montag waren lediglich wir drei zum Unterricht gekommen. Für uns, die Teilnehmer, also durchaus positiv zu betrachten. In welcher Schule hat man schon ein Schüler-Lehrer-Verhältnis von 3 : 1? Herr Weiß konnte somit intensiv die Themenbereiche behandeln und bei Fragen oder individuellen Schwächen auf jeden persönlich eingehen. Nach zwei Stunden theoretischem Unterricht folgte noch ein 60-minütiger praktischer Teil. Mithilfe eines Dummys erklärte uns Herr Weiß die Unterschiede einer Mikrolagerung, einer Freilagerung und einer V-Lagerung. In einem 10-minütigen Test wurde dann noch kurz das gerade erlangte Wissen abgefragt und ausgewertet.

HW: »So, das war dann der Unterricht für heute. Haben Sie noch irgendwelche Fragen?«

MB: »Ich bin mir recht unsicher, welchen Abschluss ich hier erlangen kann. Ist das jetzt der Kurs für Demenzbetreuer oder der Pflegebasiskurs?«

HW: »Obwohl beide recht unterschiedliche Aufgabengebiete haben, sind die Lehrgänge relativ identisch. Sie können also auch als Demenzbetreuer arbeiten.«

MB: »Und was wird besser bezahlt?«

HW: »In der Regel liegen die Stundenlöhne in etwa gleich.«

Wenn ich zu diesem Zeitpunkt schon gewusst hätte, wie falsch Herr Weiß damit lag und wie sehr mich das noch in die Bredouille bringen sollte, hätte ich an dieser Stelle energisch protestiert. Wo wir schon beim Thema »Bezahlung« waren, meldete sich noch Rita H. mit einem wichtigen Anliegen.

RH: »Ich habe da noch eine Frage zu meinem ausstehenden

Praktikum. Muss ich wirklich ganze vier Wochen umsonst arbeiten – oder gibt es eine andere Möglichkeit?«

HW: »Der Gesetzgeber schreibt zunächst eine Einweisung von mindestens fünf Tagen vor. In diesem Orientierungspraktikum sollen erste Eindrücke über die Arbeit und Ihr Interesse sowie die Eignung für den Beruf getestet werden. Darüber hinaus kenne ich keine Vorschrift.«

RH: »Dann würden also fünf Tage reichen, um den Abschluss für den Kurs zu bekommen? Warum soll ich dann vier Wochen auf Probe arbeiten ohne Bezahlung?«

HW: »Ganz ehrlich gesagt, es gibt dafür keine gesetzliche Begründung. Allerdings sprechen wir heute zu Recht von dem Pflegemarkt, der durch die Pflegeunternehmen bestimmt wird. Und dann sollte jedem klar sein, warum Sie vier Wochen statt der vorgeschriebenen fünf Tage als Praktikantin eingesetzt werden. Für das Pflegeunternehmen bedeutet dies, für weitere drei Wochen zusätzliches Personal vor Ort zu haben.«

RH: »Also, auf meinem Rücken die Kosten zu mindern – oder?«

HW: »Ich denke, Sie haben es erfasst!«

Ich war beeindruckt, wie sehr Rita H. mit ihrem Kommentar den Nagel auf den Kopf getroffen hatte. Rita H. wollte diese Ungerechtigkeit nicht auf sich beruhen lassen und fragte entrüstet:

RH: »Und was kann ich dagegen tun?«

HW: »Bewerben Sie sich für ein Fünf-Tage-Praktikum und versuchen Sie Ihr Glück.«

Nach dreieinhalb Stunden war der Unterricht zu Ende. Mir war nun klar geworden, dass es für die Basisqualifizierung im pflegerischen Bereich bislang keine gesetzlichen Regelungen gibt. Lerninhalte und Praktikumsdauer werden allein von den jeweiligen Ausbildungsinstituten vorgegeben.

Angesichts der wachsenden Anzahl von pflegebedürftigen Menschen und der stetig sinkenden Zahl von Pflegekräften brauchen wir aber für die dringend benötigten Neueinsteiger mehr Transparenz im unübersichtlichen Weiterbildungsmarkt. Unbedingt sollten Lerninhalte und Ausbildungsdauer angeglichen und gesetzlich vorgeschrieben werden.

Pflege – mehr als nur Waschen und Füttern

In den nächsten fünf Wochen bestimmte die Theorie der Pflege meinen Tagesablauf. Diszipliniert saß ich jeden Tag von 8 bis 14:00 Uhr an meinem Schreibtisch und paukte.

In dieser Woche standen die Bereiche Anatomie, Diabetes und Pneumonie (Lungenentzündung) auf dem Programm. Mein erster Eindruck über die Ausbildungsthemen hatte sich bestätigt: Der Stoff war umfangreich und detailliert. Zum Glück konnte ich von meiner jahrelangen Erfahrung im Pflegebereich profitieren. Aber ich dachte immer wieder auch an die anderen Kursteilnehmer an der Akademie. Meist sind es Frauen, die nach der Familienzeit wieder in einen Beruf einsteigen möchten oder Menschen ohne Schulabschluss, für die dieser Kurs eine Möglichkeit zur Basisqualifikation bieten soll. Für diese Menschen ist der Lernstoff kaum zu bewältigen. Es ist bestimmt nicht einfach, die für die Ausbildung zur Pflege und Versorgung eines hilfsbedürftigen Menschen wichtigen Themen auszuwählen und abzugrenzen. Handelt es sich doch bei jeder pflegerischen Maßnahme um eine äußerst komplexe Tätigkeit. Wobei eine genaue Abgrenzung zwischen Hilfs- und Fachtätigkeit in meinen Augen gar nicht immer möglich ist. Und je mehr ich mich damit befasse, desto klarer wird mir dies auch.

In den Kursen werden Menschen auf eine Tätigkeit vorbereitet, die sie in den meisten Fällen alleine durchzuführen haben. Wenn ich mir in diesem Zusammenhang die gut gemeinten Aussagen der zuständigen Politiker anschaue, wird mir klar, dass nicht einer der Entscheidungsträger in der Pflege tätig war. Ich kann mich noch gut erinnern, wie ich 2006 zusammen mit Norbert Blüm in der Sendung von Sandra Maischberger saß und er Aussagen wie »In der Pflege von Menschen benötigt man nicht für jede Tätigkeit eine Ausbildung« und »Das Vorlesen von Zeitschriften dürfte wohl jedem gelingen!« äußerte. Dies geht jedoch deutlich an der komplexen Aufgabe, einen pflegebedürftigen Menschen rundum menschenwürdig zu versorgen, vorbei. Das beginnt zum Beispiel schon beim Waschen der Augen oder beim wöchentlichen Bad. Bei jeder einzelnen Tätigkeit muss ich unbedingt immer wieder, das heißt täglich aufs Neue, die individuellen Fähigkeiten – aber auch Behinderungen – des einzelnen Menschen berücksichtigen. Beim Waschen der Augen ist zum Beispiel darauf zu achten, ob der zu Pflegende vielleicht eine Bindehautentzündung hat oder ob seine Augen aufgrund einer Vorerkrankung brennen und tränen. Die zunächst simpel erscheinende Tätigkeit des Augenwaschens ist somit weit komplizierter als es für einen in der Pflege unbedarften Menschen den Anschein hat.

Schon bei einem »einfachen« Bad ist folgendes zu beachten und zu tun: das Badezimmer angenehm temperieren, die Fenster schließen, die für den Pflegebedürftigen angemessene Wassertemperatur finden, auf Allergien gegen Waschmittel achten, für rutschfeste Unterlagen und für einen sicheren Transport in die Wanne sorgen. Auf den ersten Blick können alle diese Tätigkeiten von einer Hilfskraft erledigt werden, doch schaut man genauer hin, sind fachliche Kenntnisse unabdingbar. Man muss wissen, dass höhere Temperaturen zu

Kreislaufbelastungen führen. Hierdurch werden insbesondere Herzkranke gefährdet. Ein Vollbad sollte nicht nach dem Essen durchgeführt werden, es empfiehlt sich eine Wartezeit von zwei Stunden. Das Bad sollte nicht länger als zehn bis fünfzehn Minuten andauern, dabei ist der Kreislauf des zu Pflegenden stetig zu überwachen. Die Kontrolle der Hautfarbe und vor allem des Pulses ist dabei unabdingbar. Auch muss der Pflegende in der Lage sein, Hauterkrankungen wie Neurodermitis oder andere Hautveränderungen zu erkennen, um den Pflegebedürftigen ein schmerzfreies Baden zu gewährleisten.

Allein diese Beispiele zeigen schon, wie komplex die praktische Pflegetätigkeit ist. Die Bildungsinstitute müssen daher sehr sorgfältig die Abgrenzung der Themenbereiche vornehmen, das richtige Maß für die theoretisch/medizinische Ausbildung finden und allen praktischen Anforderungen gerecht werden. Aus diesem Grund wurde ich bei allen Instituten auf die umfassenden Lerninhalte hingewiesen. Die Leiterin der Sozialen Akademie sprach sogar davon, dass wir 90 Prozent der Lerninhalte einer Ausbildung zur Pflegefachkraft vermittelt bekämen.

Zur Verdeutlichung möchte ich folgenden Vergleich anführen: Ich stehe sozusagen vor der Prüfung zum Fahrradführerschein, für den allerdings die Lerninhalte des Autoführerscheins vorausgesetzt werden.

Ich wunderte mich nun nicht mehr über die nahezu identisch klingende Verabschiedungsfloskel nach meinen Informationsgesprächen in allen Bildungsinstituten: »Sollten Sie die Prüfung nicht bestehen, bekommen Sie selbstverständlich eine Teilnahmebestätigung.« Ein vorab in Aussicht gestelltes Trostpflaster für alle, die das Ausbildungsziel nicht erreichen.

Die ersten vier Wochen Selbststudium in Verbindung mit dem Unterricht in der Akademie vergingen wie im Flug. Jetzt stand auch schon der letzte Termin mit dem Erste-Hilfe-Kurs und der Vorbereitung auf die Abschlussprüfung fest.

Der Erste-Hilfe-Kurs war mein wichtigstes Anliegen. Schließlich wollte ich in den nächsten Monaten in der mobilen Pflege tätig sein, wo ich in den meisten Fällen in den Wohnungen der Pflegebedürftigen auf mich alleine gestellt sein werde. Wie alleine man sich in heiklen oder sogar lebensbedrohlichen Situationen fühlt, konnte ich da noch nicht ahnen. Darum war es mir wichtig, einige Maßnahmen und Regeln wieder ins Gedächtnis zu rufen, um im Notfall bis zum Eintreffen von qualifiziertem Personal den Pflegebedürftigen helfen zu können. Mit dem üblichen Dummy ging es dann auch schon los. Abwechselnd wurde die Puppe wieder zum Leben erweckt. Ich merkte, wie wenig Wissen vom letzten Lehrgang übrig geblieben war. Und schon war ich an der Reihe: Also, Kopf der Puppe zurück und den Kiefer nach oben gedrückt, die Nase zugehalten und deren Mund weit öffnen. Dann tief Luft geholt, meinen Mund an die Lippen der Puppe gepresst und den Sauerstoff langsam einhauchen. Hebt sich dabei der Brustkorb, hat man alles richtig gemacht. Das gelang mir bei den ersten Versuchen nicht.

Notwendig erschien mir auch die praktische Erste Hilfe bei Erstickungsgefahr, schließlich gehört die Eingabe von Speisen und Getränken zu einer meiner zentralen Tätigkeiten in der nahen Zukunft. Hilft beim Verschlucken das allzeit bekannte kräftige Schlagen auf den Rücken nicht mehr, wendet man den Heimlich-Handgriff an. Auch hier war es mir sehr wichtig, diese Methode zu erlernen, um im Notfall helfen zu können: Ich umfasse die Taille der Person und beuge sie leicht nach vorn. Ich balle meine Hand zur Faust und lege sie genau unter das Brustbein, die andere Hand umschließt die geballte Faust. Dann drücke ich der Person beide Hände mit einem harten Stoß und einer stark nach oben gerichteten Bewegung in den Magen. Durch die Kompression des Bauchraumes entsteht ein Überdruck, der den Fremdkörper aus den Atemwegen befördert. Dabei kann es zu inneren Verletzungen kommen, doch das ist bei Lebensgefahr das kleinere Übel.

Nach all der erlernten Theorie ist dieser dreistündige praktische Unterricht deutlich der sinnvollste Inhalt der Pflegebasisqualifikation. Man merkte dies allen Teilnehmern an, die Stimmung war heute sehr gelöst und locker, obwohl die umfangreiche Abschlussprüfung bevorstand.

Mit viel Geduld erklärte Herr Weiß nochmals die wichtigsten Maßnahmen zur Ersten Hilfe. Nachdem sich jeder an dem mitgebrachten Dummy ausgelassen hatte, ergriff er das Wort:

HW: »So, liebe Damen und Herren. Ich hoffe, dass ich Ihnen in den letzten fünf Wochen das Notwendigste für die Prüfung beigebracht habe. Hat jemand noch eine Frage oder ist alles klar?«

RH: »Obwohl ich den dicken Ordner mehrfach durchgearbeitet habe, muss ich Ihnen gestehen, Angst vor dem nächsten Montag zu haben.«

HW: »Aber warum das denn?«

RH: »Weil es einfach zu viel ist. Wenn ich nur an die ganzen Gesetzestexte denke, wird mir übel.«

HW: »Machen Sie sich keine Sorgen. Zum Abschied bekommen Sie heute von mir die Kopie des letzten Abschlusstests, dann können Sie sich gezielt vorbereiten. Wir haben die Erfahrung gemacht, dass sonst ein Bestehen nahezu unmöglich ist. Also bis nächsten Montag.«

Eigentlich hätte man nach dieser Ansage wirklich beruhigt nach Hause gehen können, doch als er mir die versprochenen Kopien in die Hand drückte, kamen mir doch Bedenken. Auf sechs DIN A4 Seiten standen mehr als 60 einzelne Aufgaben mit offenen Fragen. Alle Themenkomplexe waren vertreten.

Abschlusstest – Pflege

Bitte für das Zertifikat einreichen. Benutzen Sie die Rückseiten oder eine Anlage und senden den Test an folgende Anschrift: Soziale Akademie Berlin, Abt. Fernlehrgang, Postfach: 580764, 10415 Berlin

Name:	Datum:	Zeitrahmen:	Ges. Punkte:
....	....	120'	265/.......

Haut und Lagerung (15 Punkte):

1. Nennen Sie fünf mögliche Ursachen für einen Dekubitus.

2. Beschreiben Sie dabei die verschiedenen Schweregrade:

3. Wie kann man einem Dekubitus vorbeugen?

Gesundheits- und Krankenlehre (35 Punkte):

4. Definieren Sie den Herzinfarkt:

5. Benennen Sie fünf mögliche Ursachen für einen Herzinfarkt:

6. Welche typischen Symptome treten dabei auf?

7. Wie lautet der Fachterminus für Schlaganfall?

8. Nennen Sie drei typische Symptome des Schlaganfalls:

9. Nennen Sie fünf mögliche Ursachen für einen Schlaganfall:

10. Nennen Sie mögliche Ursachen für eine Lungenentzündung im Alter?

Kommunikation/Psychologie (15 Punkte) :

11. Auf welchen zwei **Ebenen** findet die Kommunikation statt?

12. Wie entstehen Konflikte?

13. Wie kann man Konflikten mit Patienten und Kollegen vorbeugen?

Hauswirtschaft/Ernährungslehre (10 Punkte):

14. Welche Mangelerscheinungen (Nährstoffe) können im Alter auftreten

15. Wie kann man einem Nährstoffmangel vorbeugen?

Dokumentation und Pharmakotherapie (15 Punkte)

16. Wozu dient eine Pflegedokumentation? Erläutern Sie kurz Ihre Antwort.

17. Welche Medikamente gehören unter Verschluss – wer bekommt einen Schlüssel?

18. Dürfen Sie als Pflegehelfer/in Medikamente stellen?

Anatomie (05 Punkte):

19. Beschriften Sie bitte:

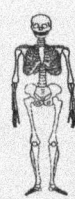

Recht (40 Punkte):

20. Was verstehen Sie unter dem Begriff Notstand?

21. Was ist verstehen Sie unter einer Garantenstellung?

22. Unterscheiden Sie bitte echte und unechte Unterlassungsdelikte.

23. Welche wichtigen Grundgesetze für die Pflege und Betreuung von Menschen leiten sich aus der Verfassung Deutschlands ab und welche kennen Sie?

24. Erklären Sie eine mögliche Körperverletzung in der Pflege und warum Sie sie dennoch ausüben dürfen.

25. Worin unterscheiden sich Diebstahl und Unterschlagung? Bzw. welches Tatbestandsmerkmal fehlt bei der Unterschlagung?

26. Welcher Artikel lt. Grundgesetz verbietet eine Fixierung?

27. Wer darf eine Fixierung anordnen und warum?

Auszug aus Abschlusstext Pflege, © Ruth Weiß, Soziale Akademie Berlin

Die Theorie zur Pflege umfasste die Bereiche Haut und Lagerung, Gesundheits- und Krankenlehre, Psychologie, Hauswirtschaft, Pharmakotherapie, Anatomie und Recht.

Ich konzentrierte mich auf die 60 gestellten Aufgaben und benötigte beim ersten Versuch knappe vier Stunden. Dabei gelang es mir immerhin, fast die Hälfte der Fragen richtig zu beantworten. Das hätte jedoch lediglich für die Teilnehmerurkunde ausgereicht. Doch die Prüfungszeit beträgt nur 120 Minuten. Also hieß es lernen, lernen und nochmals lernen ... und nach dieser intensiven Lernwoche bestand ich die Prüfung. Jetzt war ich eine zertifizierte Pflegehilfskraft.

Ambulant vor stationär – aber nicht bei finanziellen Leistungen

Nach der Abschlussprüfung wollte ich keine Zeit verlieren. Noch am gleichen Tag ging ich zur Bundesagentur für Arbeit, um im Berufsinformationszentrum einige Adressen für die Bewerbung zum Praktikum auszudrucken. Dabei fiel mir sofort auf, dass es sich bei den angegebenen Anschriften immer nur um Familien- und Einzelunternehmer handelte. Ich vermisste im Gegensatz zur Altenheimbranche die großen Kapitalgesellschaften, zudem schienen sich auch keine Investmentfonds hinter den Eigentümer zu verbergen, die ihren Investoren häufig satte Margen von bis zu 15 Prozent im Zukunftsmarkt Pflege anpreisen. Für mich ein erstes, klares Indiz, dass mit der ambulanten Pflege wohl nicht das große Geld zu verdienen ist. Doch was könnten dafür die Gründe sein?

Schauen wir uns die finanziellen Grundlagen des Pflegebereichs einmal genauer an: Diese steht in unserem Land meist auf drei Säulen. Die erste Säule wird privat finanziert und besteht aus der individuellen Rente und dem persönlichen Vermögen. Da hiermit die wenigsten Menschen eine professionelle Pflege bezahlen können, wurde zur zusätzlichen Deckung im Jahre 1995 die zweite Säule, die gesetzliche Pflegeversicherung, eingeführt. Sie ist verpflichtend, deckt aber nur einen Teil der möglichen Kosten ab und ist in etwa vergleichbar mit der Teilkaskoversicherung beim Auto. Sollten Rente und Sparvermögen sowie Pflegeversicherung nicht zur Deckung der Pflegekosten ausreichen, kommen als dritte Säule unsere Sozialkassen für den fehlenden Betrag auf.

Um noch mehr herauszufinden, nahm ich das Sozialgesetzbuch zur Hilfe. Hier sind die gesamten gesetzlichen Vorgaben für die Pflegebranche zu finden. Bei der Recherche stieß ich im Elften Sozialgesetzbuch auf Paragraph 3, aus dem klar hervorgeht, dass die häusliche Pflege immer vorrangig gegenüber der stationären Unterbringung zu behandeln ist. Wörtlich steht dort geschrieben: »Die Pflegeversicherung soll mit ihren Leistungen vorrangig die häusliche Pflege und die Pflegebereitschaft der Angehörigen und Nachbarn unterstützen, damit die Pflegebedürftigen möglichst lange in ihrer häuslichen Umgebung bleiben können. Leistungen der teilstationären Pflege und der Kurzzeitpflege gehen den Leistungen der vollstationären Pflege vor.«

Doch in der Realität ist es genau umgekehrt: Wer sich die unterschiedlichen Sätze für ambulante bzw. stationäre Pflege anschaut, sieht schnell, dass die Pflegeheime finanziell eindeutig vom Gesetzgeber bevorzugt werden. Diese Fehlentwicklung hat der Gesetzgeber allerdings erkannt und nähert seit dem 30.6.2008 die Beiträge für die ambulante Pflege denen der stationären in langsamen Schritten an. Dies klingt zunächst gut, doch es lohnt sich, einen genaueren Blick auf die Leistungen zu werfen. Tatsächlich wird in den Pflegestufen II, III und den Härtefällen bis 2012 das gleiche finanzielle Niveau erreicht sein. Es bleibt jedoch die Frage, warum man auf eine Anpassung bei der Pflegestufe I verzichtet hat?

Die wichtigsten Leistungen der Pflegeversicherung

Pflegesachleistung (Pflegeeinsätze durch ambulante Pflegedienste mit Versorgungsvertrag), § 36 SGB XI		
Pflegestufe I	384,— €	450,— €
Pflegestufe II	921,— €	1.100,— €
Pflegestufe III	1.432,— €	1.550,— €
Härtefallregelung (höchstens 3 % der Versicherten in Pflegestufe III)	1.918,— €	1.918,— €
Pflegegeld ¹, § 37 SGB XI		
Pflegestufe I	205,— €	235,— €
Pflegestufe II	410,— €	440,— €
Pflegestufe III	665,— €	700,— €
Pflege bei Verhinderung der Pflegeperson, § 39 SGB XI	1.432,— €	1.550,— €
Tages- und Nachtpflege ², § 41 SGB XI		
Pflegestufe I	384,— €	450,— €
Pflegestufe II	921,— €	1.100,— €
Pflegestufe III	1.432,— €	1.550,— €
Kurzzeitpflege, § 42 SGB XI	1.432,— €	1.550,— €
Vollstationäre Pflege, § 43 SGB XI		
Pflegestufe I	1.023,— €	1.023,— €
Pflegestufe II	1.279,— €	1.279,— €
Pflegestufe III	1.432,— €	1.550,— €
Härtefallregelung (höchstens 5 % der Versicherten in Pflegestufe III)	1.688,— €	1.918,— €
Kostenerstattung monatlich für zum Verbrauch bestimmter Pflegehilfsmittel	31,— €	
Zuschuss für Maßnahmen zur Verbesserung des individuellen Wohnumfeldes	2.557,— €	
Zuschuss bei Pflege in vollstationären Einrichtungen der Behindertenhilfe	256,— €	
Leistungen zur sozialen Sicherung der Pflegeperson, § 44 SGB XI		
Private Pflegeperson kann rentenversichert werden, wenn sie mehr als 14 Stunden wöchentlich pflegt		
Private Pflegeperson ist Unfallversichert		
Zusätzliche Leistungen bei Pflegezeit		
Pflegekurse für Angehörige und ehrenamtliche Pflegepersonen, § 45 SGB XI: Kostenlos		

¹ Beratung in der Häuslichkeit, § 37,3 SGB XI; Pflegestufen I und II halbjährlich (21 €), Pflegestufe III vierteljährlich (31 €)

² Leistungen für häusliche Pflege und die Leistungen der Tages- und Nachtpflege werden auf das 1,5-fache des bisherigen Betrages erhöht, z.B. Pflegestufe 1/ambl. Pflegesachleistung = 630,— € monatlich

Trotz der geplanten Anpassung erhält die ambulante Pflege der Stufe I monatlich nur 440 Euro, bei der vollstationären gibt es allerdings mehr als das Doppelte, genauer gesagt 1023 Euro. Dabei muss man wissen, dass von den mehr als 1,6 Millionen pflegebedürftigen Menschen, die zu Hause von Angehörigen (für einen noch geringeren monatlichen Pflegegeld-Satz) oder einem ambulanten Dienst betreut werden, der überwiegende Teil in Pflegestufe I eingestuft ist. Aus diesem Grund wird der ambulante Pflegebereich niemals die Margen der Heimkonzerne erreichen können. Deshalb werden wir auch in Zukunft in diesem Bereich nicht mit großen Investoren und Kapitalgesellschaften zu rechnen haben.

Im ambulanten Pflegemarkt werden weiterhin in erster Linie die Wohlfahrtsverbände, vom Roten Kreuz bis zum Paritätischen Wohlfahrtsverband und einige Kleinstunternehmen, meist von examinierten Pflegekräften gegründet, vertreten sein. Die Heimkonzerne können weiter verlässlich mit den höheren Pflegesätzen und Zuschüssen aus den Sozialkassen für finanzschwache Pflegebedürftige – immerhin 60 Prozent aller Heimbewohner – rechnen. Das Skandalöse daran ist, dass viele Konzerne gleichzeitig durch Umgehung des Mindestlohnes ihre Kosten immer mehr drücken. Sie profitieren also von den Sozialkassen, während sie selbst durch Lohndumping diesen immer weniger Geld zuführen.

Leiharbeit beim kirchlichen Träger

Laut Internetauftritt ist die Station des kirchlichen Wohlfahrtsträgers ganz in der Nähe meiner Wohnung eine freigemeinnützige Einrichtung. Klickt man jedoch einige Seiten weiter, liest sich das Ganze schon anders: Hier stellt sich der Wohlfahrtsverband als Wirtschaftsunternehmen dar, geführt und organisiert nach modernen Managementgesichtspunkten. Zur Unternehmensphilosophie zählt nach eigenen Angaben, sich sowohl gegenüber dem Kunden als auch den Mitarbeitern stets fair und zuverlässig zu verhalten. Das wollte ich in einem Vorstellungsgespräch für ein Praktikum doch einmal näher betrachten.

Die zuständige Sachbearbeiterin bat mich zur persönlichen Vorstellung in ihr Büro.

MA: »Also, Sie möchten ein Praktikum in unserem ambulanten Dienst absolvieren. Wann könnten Sie denn beginnen?«

MB: »Von mir aus sofort.«

MA: »Gut, so schnell wird es nichts werden. Zeigen Sie mir doch bitte einmal Ihre Bewerbungsunterlagen.«

MB: »Hier sind mein Lebenslauf und mein Zeugnis für den Pflegebasiskurs.«

MA: »Aha, den theoretischen Teil haben Sie also schon und jetzt fehlt noch die praktische Erfahrung. Haben Sie denn bereits Erfahrungen im pflegerischen Bereich?«

MB: »Bisher noch nicht, aber deshalb bin ich hier.«

MA: »Ja, dann lassen Sie mich einmal schauen … Hm, mit sieben Einsen und zwei Zweien dürften Sie da keine Probleme bekommen. Also, bei uns würden Sie in der ersten Woche mit einer erfahrenen Mitarbeiterin mitfahren, um den täglichen Ablauf etwas kennenzulernen.«

MB: »Welche Aufgaben wären da zu erledigen?«

MA: »Das übliche Programm einer Frühschicht. In den meisten Fällen waschen, anziehen und eventuell beim Frühstück behilflich sein.«

MB: »Bei wie vielen Menschen wäre das?«

MA: »Wir sprechen von Kunden, und das ist von Tour zu

Tour verschieden und hängt von der Pflegebedürftigkeit unserer Kunden ab. Meist sind es jedoch nicht mehr als fünfzehn Personen.«

MB: »Wie lange dauert eine Schicht?«

MA: »Das kann ich Ihnen so nicht beantworten, eigentlich nicht länger als 7,5 Stunden, in der Regel jedoch mehr. Doch daran müssen Sie sich als zukünftige Pflegekraft wohl gewöhnen.«

MB: »Wenn ich Sie richtig verstanden habe, bin ich als Hilfskraft für die Grundpflege zuständig. Wer vergibt denn die Medikamente und wie sind die Mahlzeiten geregelt?«

MA: »Dazu kommt zusätzlich eine examinierte Kraft, und wir bieten den Service mit Essen auf Rädern an. Aber damit haben Sie in der Regel nichts zu tun. Sie halten sich normalerweise nicht länger als 15 Minuten beim Kunden auf.«

MB: »Also fahren Sie den Kunden mehrfach am Tag mit verschiedenen Mitarbeitern an?«

MA: »Ja, so ist das üblich.«

MB: »Gut, könnte ich denn nach dem Praktikum bei Ihnen auch anfangen?«

MA: »Haben Sie einen Führerschein?«

MB: »Ja, den habe ich.«

MA: »Dann ist das kein Problem. Wir suchen händeringend motivierte Mitarbeiter.«

MB: »Schön, und was könnte ich bei Ihnen verdienen?«

MA: »Wir sind gerade dabei, unsere Mitarbeiterstruktur dem Markt anzupassen. Das heißt, es wird sich hier in Zukunft einiges ändern, und es könnte sein, dass Sie zunächst über die neu gegründete Leiharbeitsfirma unseres Verbands eingestellt werden.«

MB: »Sie meinen bestimmt ein Personal-Leasingunternehmen, oder?«

MA: »Ja, so etwas ist das neue Unternehmen wohl.«

MB: »Um auf meine Frage zurückzukommen, wie sieht denn dann mein Stundenlohn aus?«

MA: »So genau kann ich das jetzt noch nicht sagen. Ich denke, so um die 6,50 Euro in der Stunde.«

MB: »Das wären dann bei einer 40-Stunden-Woche 260 Euro in der Woche – also 1040 Euro brutto im Monat, oder?«

MA: »Nein, wir bieten nur noch 30 Stundenverträge an, Sie bekommen um die 800 Euro brutto.«

MB: »Und davon kann man leben?«

MA: »Unsere meisten Mitarbeiter haben noch einen zusätzlichen 400-Euro-Job und dann geht das.«

MB: »Das kann ich mir gar nicht vorstellen, dabei spricht man doch von einem Mangel an Arbeitskräften. Tut mir leid, bei dieser Perspektive schau ich mich doch besser bei einem anderen Unternehmen um. Vielen Dank für Ihre Zeit und einen schönen Tag.«

Kopfschüttelnd und enttäuscht verließ ich das Büro der kirchlichen Wohlfahrtsstation und die recht blass gewordene Disponentin. Dass selbst ein gemeinnütziger, kirchlicher Träger ein eigenes Leiharbeitsunternehmen gründet, schockierte mich schon. Es bestätigte allerdings die Ergebnisse meiner letzten Recherchen zum Buch »Arm durch Arbeit«.[1] Nicht zu fassen: Leiharbeit mit Niedriglohn in einer Branche, die seit Jahren dringend Mitarbeiter benötigt! Und dann auch noch bei einem kirchlichen Träger! Da wundern sich die Politiker, weshalb die professionelle Pflege von kranken oder alten Menschen, kaum noch jemand übernehmen möchte. Doch ich will den Kopf nicht hängen lassen. Bereits am nächsten Morgen habe ich mein nächstes Bewerbungsgespräch.

---

[1] Markus Breitscheidel: Arm durch Arbeit, Econ Verlag, Berlin 2008

Netzwerk Pflege – Lebensqualität statt Massenabfertigung

Im Faltprospekt stellt sich das Unternehmen als qualifiziertes Pflegeteam, bestehend aus Kranken-, Alten- und Hauspfleger/innen vor, das über jahrelange Erfahrung in der häuslichen Krankenpflege, z.B. bei Medikamentengabe, Diabetikerbetreuung sowie in der Grund- und hauswirtschaftlichen Versorgung verfügt. Durch ständige Schulungen und Weiterbildungsmaßnahmen wird das Pflegepersonal laufend über Neuerungen im Bereich der medizinischen Versorgung und der ambulanten Pflege informiert. Die Pflegedienstleitung und Qualitätsbeauftragten führen regelmäßige Visiten durch und sorgen dafür, dass die Pflege in guter Qualität für die pflegebedürftigen Menschen täglich gewährleistet ist.

Laut Außendarstellung bedeutet Pflege für das Unternehmen weit mehr als die bloße Versorgung im medizinischen und/oder hauswirtschaftlichen Sinne. In erster Linie möchte man für den hilfsbedürftigen Menschen die Lebensqualität in dessen häuslicher Umgebung trotz Krankheit oder Pflegebedürftigkeit weitestgehend erhalten. Dabei stimmt man sich sehr eng mit dem behandelndem Arzt, dem zuständigen Krankenhaus oder der Sozialstation und auch mit sozialen und kulturellen Einrichtungen ab, um möglichst viele Bedürfnisse und Wünsche der Pflegebedürftigen zu berücksichtigen. Das primäre Ziel ist: Durch ein Prinzip der Vernetzung mit den verschiedensten Institutionen und dem professionellen Rat soll die Selbstpflegefähigkeit erhalten bzw. wiedererlangt werden.

Nun habe ich in den letzten Jahren gerade in der Altenpflege sehr viele Prospekte mit großen Philosophien und Versprechen gelesen, doch in den wenigsten Fällen wurden diese Vorgaben dann auch tatsächlich gelebt und nur dadurch auch realisiert. Im Gegensatz zu den meist von Marketingunternehmen entworfenen Hochglanzprospekten handelt es sich hier um ein einfach gefaltetes DIN A4-Blatt, in dem das Wort »Kunde« nicht zu finden ist.

Gespannt, ob das Versprechen der Menschlichkeit auch tatsächlich im täglichen Pflegealltag umgesetzt wird, begab ich mich zum Geschäftssitz. In einem schicken Haus mitten unter Rechtsanwalts- und Steuerberaterbüros fand ich das Büro vom »Netzwerk für ambulante Pflege«. Schon an der Tür erwartete mich der freundliche Geschäftsführer. In einer für den Pflegedienst recht unüblichen Ruhe und Gelassenheit brachte er mich in sein kleines Büro und servierte ganz nebenbei einen Kaffee.

GF: »So, Sie haben sich für ein Praktikum beworben?«

MB: »Ja!«

GF: »Wann könnte es denn bei Ihnen losgehen?«

MB: »Baldmöglichst, von mir aus sofort!«

GF: »Welche Inhalte sind durch die Schule vorgegeben?«

MB: »Von vorgegebenen Inhalten ist mir nichts bekannt.«

GF: »Also, wir machen das jetzt schon öfters und bisher gab es Vorgaben, wie z.B. alleine waschen oder lagern.«

MB: »Wie gesagt, davon ist mir nichts bekannt.«

GF: »Also einfach nur ein Praktikum?«

MB: »Ja, nach unserer Schulleiterin ist das ja nicht einmal gesetzlich vorgeschrieben, doch mir ist es schon wichtig.«

GF: »Sehe ich ebenso. In den 14 Tagen können Sie feststellen, wo Ihre eigenen Stärken und Schwächen liegen, wo Sie mit Ihrem theoretischen Wissen stehen, und was Sie noch nachzubessern haben.«

MB: »Und ob ich überhaupt für den Beruf geeignet bin!«

GF: »Es ist natürlich eine existenzielle Frage. Kann ich das dauerhaft verkraften?«

MB: »Darum geht es mir. Das möchte ich selbst erfahren.«

GF: »Ich stelle Ihnen mal ganz kurz unsere Station vor. Damit Sie wissen, was wir machen und vor allem wie. Also, unser Unternehmen existiert jetzt schon seit 15 Jahren. Wir haben verschiedene Schwerpunkte, die sich im Laufe der Jahre herausgebildet haben. Mit einem Schwerpunkt werden Sie immer und immer wieder konfrontiert – und das ist die Demenz! Da muss man schauen, wie man selbst als Pfleger damit umgeht. Zum Beispiel wird teilweise die Pflegekraft beschuldigt: Die ersten Symptome können sein, dass Sie zum Klienten gehen und die Schlüssel suchen müssen und das zwei Stunden lang, weil er ihn verlegt hat. Da kann es Ihnen passieren, dass er behauptet, Sie hätten ihm den Schlüssel und auch sein Geld weggenommen. Manchmal ist das sehr schwierig, man muss sehr bei sich, also ruhig und gefasst, bleiben und die Behauptungen nicht so nah an sich ran lassen. Oder ein anderes Beispiel: Am Montag rief mich eine Dame an, die immer ihre Medikamente vergisst, sie erzählt mir dabei großartig, dass ihr Neffe sie besucht hat – der Neffe ist allerdings gar nicht in Berlin, sondern ganz weit weg. Da muss man immer schauen, dass man das irgendwie kanalisiert und verarbeitet. Das wäre ein Schwerpunkt.

Dann haben wir onkologische Patienten, d.h. Patienten mit schwerer Krebskrankheit, dann einige Patienten, die HIV-positiv sind. Wir sind die einzige Pflegestation in der Gegend, die für diese Patienten überhaupt Pflege anbietet.

Dazu machen wir Projekte. Eines ist Wohnen mit Pflege. Das ist ein Haus, in dem nur Pflegebedürftige wohnen. Aber jeder hat seine eigene Wohnung, und wir sind 24 Stunden vor

Ort. In einem ähnlichen Projekt betreuen wir, ich sag mal, einkommensschwache Menschen, die meist Sozialhilfe beziehen. In diesem Monat haben wir unsere erste Wohngemeinschaft mit fünf Bewohnern eröffnet. Das wäre so der grobe Rahmen unserer Tätigkeitsfelder. Dabei achten wir genau darauf, dass wir mit den Projekten die Selbstbestimmung der Klienten in den Vordergrund unserer Arbeit stellen. Wir wollen, dass die Lebensqualität erhalten bleibt und das ist uns wichtiger als die übliche Massenabfertigung.

Man muss sich nur mal in die Situation der Klienten versetzen und sich fragen: Welche Versorgung wünsche ich mir? Da möchte man einfühlsame Menschen, die auch die gewohnten eigenen Rituale und Kulturgewohnheiten berücksichtigen und einen nicht nullachtfünfzehn, ich sag mal industriell, abfertigen.«

MB: »Schön, das hört sich sehr gut an. Ich war schon bei dem einen oder anderen Vorstellungsgespräch und hatte bisher immer den Eindruck, es handelte sich mehr um eine möglichst effektive und vor allem schnelle Abfertigung der Pflegebedürftigen. Ich wurde immer darauf hingewiesen, nur einen gewissen Zeitraum zur Verfügung zu haben.«

GF:« Ja, das ist leider so. Die fast schon maschinelle Abfertigung von Menschen ist das alltägliche Geschäft, doch davon setzen wir uns ab. Bei uns steht sowohl der Klient als auch die Pflegekraft im Mittelpunkt, und im Idealfall möchten wir beide zufrieden sehen. Dabei sind wir gezwungen, natürlich auch wirtschaftlich zu arbeiten, denn der zeitliche Rahmen, den wir von den Pflegekassen zur Verfügung haben, ist wirklich sehr eng. Wenn er nicht ausreicht, suchen wir nach Lösungen, diesen zu erweitern. Wir sind täglich damit beschäftigt, genügend Zeit für den Mitarbeiter vor Ort herauszuschlagen. Pflege hat etwas mit Zeit zu tun und mir kann keiner erzählen, dass ich einen Menschen industriell abfertigen muss, um effizient und wirtschaftlich erfolgreich zu sein. Wir sehen jeden einzelnen Menschen als Individuum, der je nach Tagesform, heute mal mehr Betreuung benötigt und morgen vielleicht weniger, weil er sich einfach besser fühlt.«

MB: »Gibt Ihnen denn die Pflegekasse einen gewissen Spielraum?«

GF: »Nein, hier werden die Menschen über den gleichen Kamm geschert und jeder bekommt den gleichen Zeitrahmen. Nur unsere Kreativität und unser Wille, das Optimale für die Menschen zu erreichen, schaffen zusätzliche Möglichkeiten über das Übliche hinaus. Okay, die Gesetzgeber sagen, das darf uns alle nicht so viel Geld kosten. Aber es geht doch um die Menschen – und dann sollen sie doch besser woanders sparen, aber nicht im Bereich, wo es um alte und kranke Menschen geht.«

MB: »Sind Sie auch bereit, dafür zu kämpfen, auch gegen den politischen Willen?«

GF: »Ja, dafür machen wir uns richtig stark, z.B. für unsere Arbeit in dem eben genannten Projekt für Einkommensschwache. Viele Pflegedienste lehnen die Arbeit dort ab. Es gibt dort Mieter, die müssen mit 10 Euro in der Woche komplett ihr Leben bestreiten. Da haben wir gesagt, hier bleiben wir und arbeiten gemeinsam mit der Berliner Tafel daran, dass diese Menschen nicht hungern müssen.«

MB: »Und ist das auch wirtschaftlich?«

GF: »In der ambulanten Pflege bewegen wir uns auf einem sehr schmalen Pfad. Auf der einen Seite möchten wir am Monatsende alle unsere Gehälter ausgezahlt bekommen, auf der anderen Seite den Menschen unsere Hilfe anbieten. Ich bin überzeugt, dass hier der Gesetzgeber schon lange auf unser soziales Gewissen setzt und damit von uns verlangt, Leistungen zu erbringen, die weit über den bezahlten Rahmen hinausgehen.«

MB: »Also Überstunden, ohne diese entlohnt zu bekommen?«

GF: »So ist es. – Ich frage jetzt mal in der Einsatzleitung nach, ob und wo wir Sie einsetzen können. Es ginge bei Ihnen doch schon ab morgen – oder?«

MB: »Ja, sehr gern.«

Nach zehn Minuten.

GF: »Wir würden Sie gerne ab morgen in unserer Wohnanlage einsetzen, über die wir gerade sprachen. Dafür sollten Sie morgen früh 6 Uhr hier im Büro sein und Sie melden sich bitte bei Stefan. Er wird Sie in den nächsten Tagen mitnehmen. Viel Spaß dabei, und wenn Sie ein Problem haben, sagen Sie mir bitte direkt Bescheid.«

Mein Praktikum – Pflegen mit und für den Menschen

Pünktlich 6 Uhr morgens stand ich nun im Büro, der anwesende Kollege schaute mich verwundert an. An seiner Reaktion merkte ich, dass sein Chef vergessen hatte, ihn über mich, den neuen Praktikanten, zu informieren. So hielt sich die Begeisterung bei Stefan G. in Grenzen, ohne dass er dabei seine Ruhe und Freundlichkeit verlor. Ich schaute erst einmal zu, wie sich mein Kollege auf die bevorstehende Arbeit vorbereitete. Zunächst erhielt er von der Büroleitung seinen Einsatzplan. Während er diesen studierte, packte er zielsicher eine Tasche mit Pflegeutensilien. Nachdem er dies in aller Sorgfalt erledigt hatte, wendete er sich mir zu.

SG: »Hast du schon Erfahrungen in der Pflege?«

MB: »Bisher nur wenig, deshalb mein Praktikum.«

SG: Gut, dann führe ich dich mal kurz in unseren Arbeitsalltag ein. Hier in diesem Schrank findest du die Aktenordner unserer Pflegebedürftigen. Wenn du diesen aufschlägst, siehst du als Erstes alle Informationen über das Krankheitsbild. Da wir für sehr viele neben der Pflege auch noch deren Haushalt organisieren, findest du hier ein Kassenbuch. Stehen Einkäufe auf unserer Einsatzliste, nimmst du das Geld, das wir für die Menschen verwalten, trägst nach dem Einkauf die ausgegebene Summe hier ein und heftest den Zettel dahinter. So, heute ist das bei Frau H. der Fall. Wir nehmen ihr Geld mit und rechnen später ab.«

MB: »Befindet sich in dem Ordner auch die Pflegedokumentation?«

SG: »Nein, die liegt direkt auf den Zimmern. Zeig ich dir später. Aber jetzt müssen wir los, unsere Kollegen warten bestimmt schon am Auto!«

Nach nur wenigen Minuten standen wir dann auch schon vor dem blauen Fiat, wo uns eine serbische und eine russische Kollegin bereits erwarteten. Der Weg führte uns heute durch den Stadtteil Tiergarten, an der Siegessäule vorbei direkt zu dem Haus, in dem ich die nächsten zwei Wochen arbeiten sollte.

Das in den Jahren 1975 bis 1978 entstandene Gebäude wurde bis vor einigen Jahren noch als städtisches Altenheim betrieben. Bis die Akelius GmbH das Gebäude mit immerhin 144 Wohneinheiten von der Stadt Berlin erwarb und seither die Wohnungen an Menschen mit niedrigem Einkommen vermietet. Das schwedische Wohnungsbauunternehmen hat das Gebäude mit den 144 alters- und behindertengerechten Wohnungen bis jetzt recht spartanisch renoviert.

Der Betonbau machte auf mich zunächst einen sehr kalten und anonymen Eindruck. Stefan packte einen dicken Schlüsselbund aus seiner Tasche, öffnete die Haustür, schob einen

Holzkeil zwischen Tür und Rahmen und wendete sich dabei an uns:

»Noch vorher eine Zigarette, Kollegen?«

»Willste mir verarschen?« – die schwierige Frau B.

Bisher hatte noch keiner der anwesenden Kollegen ein Wort gesprochen. Und auch jetzt rauchten wir schweigend. Stefan übernahm weiterhin das Kommando: »Wir machen zuerst Frau B.!« Schon als er den Namen aussprach, wurde die serbische Kollegin auffallend weiß im Gesicht. Das hatte auch Stefan bemerkt:

»Ich weiß, dass sie immer unzufrieden ist und nur auf Fehler wartet. Doch heute gehen wir ja mit vier Leuten zu ihr rein. Irina und ich waschen sie, du machst derzeit ihr Frühstück und unser Praktikant hält sich am besten zurück und schaut ruhig zu.«

Bevor wir die Wohnung der 81-Jährigen betraten, merkte man schon eine gewisse Anspannung, die bei unserer serbischen Kollegin schon in Angst überging. Frau B. lag schon wach in ihrem Pflegebett und wartete auf uns. Die serbische Kollegin verschwand wortlos in der kleinen Küche der 1-Zimmer-Wohnung und setzte den Kaffee auf. Stefan und Irina übernahmen sofort das Gespräch, um offensichtlich von der Anwesenheit der Kollegin abzulenken. Dabei bereitete Irina das Waschwasser vor, während Stefan die alte Dame entkleidete. Nachdem der Waschlappen das erste Mal ihr Gesäß berührte, fing sie sich mit robuster Berliner Schnauze an zu beschweren:

Frau B.: »Da ist irgendwas nicht in Ordnung mit dem Wasser, das ist richtig kalt am Arsch. Das ist ja eiskalt!«

I: »Das ist doch lauwarm.«

Frau B.: »Lauwarm? Willste mir verarschen? Das ist doch nicht wahr. Probier doch selbst, wenn du nicht glaubst, es ist einfach unangenehm. Haste was auf die offenen Beine gelegt?«

I: »Ja, bin gerade dabei.«

Frau B.: »Komm, erzähl mir nichts. Das hast du doch bis jetzt jeden Morgen vergessen. Oh, tut das weh – glaubste mir. Das macht keinen Spaß mehr.«

I: »So, darf ich jetzt Ihr Gesicht waschen?«

Frau B.: »Ja, leg schon los. Oh … ist das heiß, willst mich wohl verbrennen, he – da bist du die Alte endlich los, oder was?«

I: »Entschuldigung, aber es ist genau die gleiche Wassertemperatur.«

Frau B.: »Ja, ja, verscheißern kann ich mich alleine. Mach jetzt fertig, bevor ich mich noch aufrege und dann bringste mir mein Frühstück!«

I: »Das Frühstück macht gerade Schwester Lucija. Die ist gleich so weit.«

Frau B.: »Ich denke, ich hör nicht richtig – wieder die Lucija! Ich hatte doch eurem Chef deutlich gesagt, dass ich die in meiner Wohnung nicht mehr sehen will.«

I: »Das haben Sie bei den letzten drei Mitarbeiterinnen doch auch schon gesagt. Wer soll denn noch zu Ihnen kommen?«

Frau B.: »Egal, aber nicht die!«

Inzwischen hatte Lucija die Wohnung lautlos verlassen und Irina servierte das Frühstück. Nachdem Stefan alles in die Akte eingetragen hatte, verschwanden auch wir. Vor der Tür trafen wir auf die zitternde Kollegin, die schon nach 15 Minuten Frühdienst am liebsten wieder nach Hause gegangen wäre.

Stefan wandte sich an mich:

»Du merkst, die Frau kann richtig bösartig werden. Deswegen gehen wir auch nur mit mindestens zwei Kollegen rein, sonst hat man keine Chance.«

MB: »Ist das jeden Morgen so?«

SG: »Nahezu, die hat schon einige Kolleginnen zum Weinen gebracht. Man darf ihre ständigen Beleidigungen einfach nicht so ernst nehmen. Manchmal droht sie damit, direkt beim Chef anzurufen.«

MB: »Und macht sie ihre Drohung auch wahr?«

SG: »Schon mehrmals, doch da musste keine Angst haben. Die im Büro kennen Frau B. mittlerweile und sind froh, dass überhaupt noch jemand zu ihr geht, um sie zu waschen.«

MB: »Na, das fängt ja schon gut an.«

SG: »Keine Bange, das Schlimmste haben wir hinter uns und der Rest ist halb so schlimm. Und jetzt weiter!«

»Guten Morgen Jungs, was kann ich heute für euch tun?«

Auf dem gleichen Gang, gegenüber der Wohnung von Frau B., befindet sich die Wohnung von Herrn H. Vor seiner Tür hielt Stefan kurz inne:

»Jetzt gehen wir zu Herrn H. Der ist an HIV erkrankt und ein ganz Lieber. Wir müssen ihn allerdings immer ein bisschen motivieren – sonst macht er nicht mit.«

MB: »Gibt es etwas zu beachten?«

SG: »Er ist Rollstuhlfahrer und braucht so ziemlich bei allem Hilfe. Und nicht erschrecken – er ist sehr schmerzempfindlich. Also, wenn du ihn nur kurz berührst, tut ihm direkt alles weh – nicht, dass du denkst, du würdest ihn quälen!

Beim Waschen schreit er immer, doch sobald du fertig bist, lacht er wieder.«

Beim Hineingehen in die Wohnung fiel mir sofort auf, dass die etwa 40 Quadratmeter großen 1-Zimmer-Wohnungen alle gleich geschnitten waren. Einem kleinen Eingangsbereich mit Garderobe folgt meist rechts das überschaubare Bad mit Dusche und WC. Daneben befinden sich eine Kochecke und der circa 20 Quadratmeter große Wohnraum. Die Fliesen in Bad und Küche sind in den meisten Fällen noch aus den Jahren 1975 bis 1978, und auch die Toilette sowie die Duschwanne schauen schon stark mitgenommen aus. Neben dem Fenster in einem Pflegebett lag der mit 50 Jahren relativ junge Herr H. Seine martialischen Tätowierungen am ganzen Körper erschienen mir zunächst ein wenig abschreckend. Doch wer sich nur ein wenig mit ihm beschäftigte, stellte schnell fest, dass hinter der tätowierten Rockerfassade ein liebevoller und herzensguter Mensch steckt. Mit einem Lächeln auf dem Gesicht begrüßte er uns ganz locker: »Morgen Jungs, was kann ich denn heute für euch tun?«

Stefan übernahm dabei sofort das Kommando. Während ich in einer Waschschüssel das Wasser vorbereitete, kümmerte er sich zunächst um den Kaffee und das Frühstück. Als Stefan mit dem Waschen begann, wurde Herr H. etwas ungemütlicher.

Herr H.: »Nee, lass mal – bleib weg – Aua ... aua.«

Wo auch immer Stefan beginnen wollte, wies Herr H. ihn mit schmerzverzerrtem Gesicht und deutlichen Worten zurück. Dennoch wusch er Herrn H. sehr behutsam und erst als er die Waschschüssel wieder entfernte, begannen beide wieder zu lachen. Danach kam Stefan mit einer großen Spritze, gefüllt mit Wasser, aus dem Bad zurück. Verwundert sprach ich ihn an:

MB: »Was machst du denn damit?«

SG: »Herr H. bekommt das Trinken von uns über die PEG,[1] weil er uns sonst austrocknet. Er vergisst sehr gerne die Flüssigkeit.«

MB: »Und warum haben wir ihm die Toastscheiben gemacht?«

SG: »Das Essen ist kein so großes Problem. Zudem sind wir ja hier und können ihn daran erinnern. Man braucht allerdings ein wenig Geduld.«

Währenddessen klingelte es an der Haustür. Waltraud, unsere examinierte Kollegin, huschte nach kurzer Begrüßung schnell durch die Wohnung und gab Herrn H. seine Medikamente – und schon war sie auch wieder auf dem Weg zum Nächsten. Jetzt war es an der Zeit, Herrn H. aus dem Bett in seinen Rollstuhl zu befördern. Sobald ich ihn nur ansatzweise berührte, ging schon fast sirenenartig das laute Geschrei los. Der Schreck fuhr mir dabei durch alle Glieder. Sobald Herr H. im Rollstuhl saß, folgte ein tiefer Seufzer und dann ein breites, zufriedenes Lächeln.

Stefan begann mit der Wasserzufuhr über PEG und führte mir die Eingabe vor:

SG: »Sieh, so wird die Spritze angeschlossen und dann drückst du das Wasser langsam rein. Nimm nicht mehr als 250 ml, sonst hat er beim Essen keinen Hunger mehr.«

MB: »Und das reicht?«

SG: »Früher haben wir 500 Milliliter verabreicht, doch dann ist beim Frühstück nichts mehr passiert. Es gibt allerdings auch Tage, da trinkt er selbstständig.«

MB: »Und dann fragst du ihn jeden Morgen, wie viel er am Tag zuvor getrunken hat?«

---

1 PEG: Perkutane endoskopische Gastrostomie – direkter Zugang zum Magen über eine Sonde, die durch die Bauchwand gelegt wird

SG: »Nee, daran könnte er sich sowieso nicht mehr erinnern. Ich gebe jeden Morgen die 250 Milliliter und dann ist gut!«

Während wir die Küche aufräumten, führte Herr H. in einem Zeitlupentempo Stück für Stück des Toasts in seinen Mund. Es tat gut zu sehen, dass keiner von uns aus Zeitgründen eingreifen musste. So bleibt für Herrn H. die Fähigkeit, sich selbst das Essen zuzuführen, erhalten. Wir waren nun schon fast 30 Minuten in der Wohnung von Herrn H. und bei meinem Kollegen Stefan war immer noch keine Hektik zu spüren. Nein, im Gegenteil, nachdem er den Kühlschrank öffnete, wandte er sich Herrn H. zu:

SG: »Was möchten Sie denn heute Mittag essen?«

Herr H.: »Was haben wir denn im Angebot?«

SG: »Einiges. Da wären Nudeln oder Kartoffeln mit Gulasch, Kartoffeleintopf oder Fischstäbchen.«

Herr H.: »Na, Nudeln mit Gulasch hätte ich gerne.«

SG: »Gut, machen wir! Kannst du kochen?«

MB: »Die Mitbewohner der verschiedenen Wohngemeinschaften waren bisher immer zufrieden – warum?«

SG: »Weil wir für Herrn H. heute kochen!«

Ein neues Berufsbild – Manager für Menschen

Erst jetzt wird mir klar, warum sich das Unternehmen „Netzwerk Pflege" nennt. Die erfahrenen Pfleger haben den von den Pflegekassen vorgegebenen Zeitrahmen für jede einzelne Tätigkeit sehr mutig aufgebrochen. Indem sie Tätigkeiten wie Waschen oder Anziehen mit anderen wie Kochen und Einkaufen vernetzen, erreichen sie ein höheres Zeitkontingent. Weil zudem noch die Anfahrtswege für mehrere Personen entfallen, bringt dies für die einzelne Pflegekraft eine deutliche Entschleunigung der Zeitvorgaben, die einer industriellen Abfertigung gleichen. So blieb zum Beispiel für Herrn H. heute eine Zeitspanne von ganzen 70 Minuten. Die sonst gewohnte Hektik war damit sehr erfolgreich in Ruhe und Gelassenheit umgewandelt worden. Ein enormer Vorteil, von dem sowohl die Pflegekraft als auch die zu pflegende Person profitieren. Allerdings erhöht sich dadurch auch das Anforderungsprofil für uns Pfleger. So sind wir nicht mehr reine »Waschstraßen« oder Roboter, die den hilfsbedürftigen Menschen schnellstmöglich industriell abfertigen, sondern Manager für ein Menschenleben.

Leider sind solche traumhaften Pflegebedingungen wie beim Netzwerk Pflege bislang die Ausnahme. Und wegen der noch überwiegend unmenschlichen Arbeitsbedingungen ist in diesem Land kaum noch ein Mensch motiviert, im Pflegeberuf seine Zukunft zu sehen. Durch die neuartige Vernetzung ergibt sich jedoch die Möglichkeit, den Beruf der Pflegekraft bei Weitem wieder interessanter zu gestalten. Neben der physisch und psychisch anstrengenden reinen Pflegetätigkeit schafft man zum Ausgleich einen betreuenden Teil. Beim Einkaufen oder Kochen sind andere Fähigkeiten gefragt und so wird das sonst so monotone Aufgabengebiet weitaus abwechslungsreicher. Dies wirkt sich direkt auf die Stimmung der Pflegekräfte aus. Und damit natürlich auch auf die Patienten, die keinen »Fütter-Automaten« oder »Wasch-Roboter« vor sich haben, sondern einen Ansprechpartner für alle möglichen Belange ihres Lebens gewinnen.

Schon während der ersten, kurzen Kaffeepause war dies deutlich zu spüren. In einer für mich faszinierenden Ruhe und Gelassenheit wurde hier kurz durchgeatmet und anschließend mit großer Motivation weitergearbeitet. Keine

Seufzer oder Stöhnen aufgrund der harten Arbeitsbedingungen waren zu hören. Dabei war mir deutlich aufgefallen, dass durch dieses Zeitmanagement die menschliche Bindung zwischen Pflegekraft und zu betreuender Person viel intensiver ist, als ich es bei meiner Langzeit-Recherche 2002 in Altenheimen erlebt hatte. Ich, die Pflegekraft, bin dabei nicht mehr nur die Massen abfertigende Putzmaschine, sondern ein ständiger, menschlicher Betreuer für den Alltag einer hilfsbedürftigen Person. Mit dieser lebendigen Aufgabe wächst das Verantwortungsgefühl für den zu betreuenden Menschen.

So setzte ich zunächst das Gulasch auf, um das Fleisch in aller Ruhe gar werden zu lassen. Als alles langsam am Köcheln war, verabschiedeten wir uns von Herrn H. Gegenüber wartete schon Herr T. auf uns. Der 78-jährige Mann hatte einen Schlaganfall erlitten und war dadurch noch etwas gezeichnet. Zwar konnte er sich schon relativ eigenständig bewegen, doch sein Sprachzentrum war noch stark in Mitleidenschaft gezogen. Eine Verständigung war nur durch Kopfnicken und Handzeichen möglich. Und davon machte Herr T. rege und munter Gebrauch, um seine Wünsche zu äußern.

SG: »So, du machst zuerst bitte die Wäsche von Herrn T.«

MB: »Wo finde ich das Waschmittel?«

SG: »Hinter der Maschine. Stell alles auf 60 Grad und schau, dass du die fertige Wäsche aus dem Trockner zusammenlegst und in den Schrank bringst.«

Während ich meinen Auftrag erledigte, kümmerte sich Stefan um den pflegerischen Teil unseres Arbeitseinsatzes. Nach etwa 20 Minuten meldete ich Vollzug:

MB: »So, ich bin dann fertig!«

SG: »Prima. Dann sieh bitte mal nach, wie viel Geld noch in der Börse von Herrn T. ist.«

MB: »Oh, nicht mehr sehr viel. Gerade einmal 4,31 Euro sind hier noch drin.«

SG: »Das reicht noch für die fehlenden Kartoffeln. Würdest du bitte 1,5 Kilo um die Ecke bei Kaiser's einkaufen gehen?«

MB: »Na klar, bis gleich.«

SG: »Ich geh dann schon mal weiter zu Herrn St. und du stellst bitte die Kartoffeln auf und machst dazu ein paar Buletten. Das Hackfleisch und die restlichen Sachen findest du im Kühlschrank. Wenn was ist, ich bin schräg gegenüber.«

Nach dem kurzen Einkauf brutzelte das Fleisch schon in der Pfanne und die ganze Wohnung hatte den Geruch von frisch zubereitetem Essen bereits aufgesaugt. Ich konnte förmlich zusehen, wie dadurch der Appetit von Herrn T. von Minute zu Minute größer wurde. Im Gegensatz zu den üblichen Fertiggerichten von Essen auf Rädern, die meist kaum Geruch im Zimmer verbreiten, hatte das selbst zubereitete Essen seine erste Wirkung schon vor dem Servieren erreicht. Als ich dann stolz meine Buletten präsentierte, war ich sehr gerührt, als sich Herr T. bedankte und mit vollem Genuss den Teller leerte.

Im Rollstuhl in die Uni

Auf dem Weg zu Herrn St. begleitete mich der herzhafte Geruch der frisch gebratenen Buletten, der sich bereits in der gesamten 1. Etage ausgebreitet hatte. Die 1-Zimmer-Wohnung von Herrn St. unterschied sich deutlich von denen, die ich bisher gesehen hatte. Die Wände waren mit heller, freundlicher Farbe frisch gestrichen, ein neuer Laminat-Fußboden führte vom kleinen Flur in den Wohn-, Schlaf- und Essbereich. Eine brandneue Küchenzeile zu der linken, ein Schreibtisch mit neuester Computertechnik und zwei Flatscreen-Monitoren an der rechten Seite. Die Einrichtung vermittelte einen gewissen Wohlstand, aber auch, dass hier ein jüngerer Mensch wohnte.

MB: »Herr St.?«

Herr St.: »Ich bin hier im Bad. Setzen Sie doch schon einmal einen frischen Kaffee auf. Ich bin gleich so weit.«

MB: »Brauchen Sie Hilfe?«

Herr St.: »Nein, ich komme sehr gut alleine zurecht.«

MB: »Wissen Sie, wo mein Kollege Stefan ist?«

Herr St.: »Kurz einkaufen.«

Im Bad musste sich ein freundlicher Ästhet aufhalten, der den Kaffee aus ganzen, frischen Bohnen bevorzugt. Als sich das Mahlwerk der Kaffeemühle in Bewegung setzte, durchströmte den Raum ein herzhafter Kaffeegeruch, den ich so das letzte Mal bei meiner Großmutter genießen durfte. Jetzt noch das heiße Wasser durch den Kaffeefilter in die bereitstehende Thermoskanne – fertig. In diesem Moment öffnete sich die Badezimmertür und in seinem Rollstuhl saß Herr St. mit nacktem Oberkörper. Er duftete nach einem frischen, herben Männerduschgel. Aber ein bisschen war ich doch geschockt: Schlagartig wurde mir klar, dass die Pflegebedürftigkeit eines Menschen nicht unbedingt an sein Alter geknüpft sein muss. Vor mir saß ein Mann, der dem Aussehen nach etwa in meinem Alter war, also ungefähr Anfang vierzig. Und der erste Eindruck hatte mich nicht getrogen, er war gerade einmal fünf Jahre älter. Bei meinen bisherigen Einsätzen betrug der Altersunterschied zwischen den Klienten und mir meist 35 bis 40 Jahre. Meine eigene eventuelle Pflegebedürftigkeit lag also noch in weiter Ferne. Aber jetzt konnte ich förmlich spüren, wie nah Pflegebedürftigkeit für einen selbst sein kann und wie gern man das verdrängt.

Herr St. hat Multiple Sklerose, kurz MS genannt, eine chronische Entzündung des zentralen Nervensystems, deren Ursache trotz großer Forschungsanstrengungen noch nicht geklärt ist. Diese Krankheit ist nicht heilbar, jedoch kann ihr Verlauf mittlerweile durch einige medizinische Maßnahmen positiv beeinflusst werden. Die ersten Symptome treten dabei meist zwischen dem 15. und 40. Lebensjahr im Rahmen eines Schubes auf. Während sich die Schübe bei Erkrankungsbeginn meist völlig zurückbilden, bleiben im späteren Verlauf nach Schüben vermehrt neurologische Defizite zurück.

Bei Herrn St. wirkten sich die bisherigen Schübe vor allem auf seine Gelenke aus. Dabei ist er in der Lage, für kurze Zeit aufrecht zu stehen, doch für die Dauer eines ganzen Tages war ein Rollstuhl notwendig.

Herr St.: »Können Sie mir bitte beim Anziehen behilflich sein? Ich werde nämlich gleich abgeholt.«

MB: »Aber natürlich. Was möchten Sie denn anziehen?«

Herr St.: »Wir nehmen heute mal das blaue Hemd und die dunkle Hose, doch wir müssen uns etwas beeilen. Mein Fahrdienst steht gleich vor der Tür.«

MB: »Machen wir. Wo geht es denn hin?«

Herr St.: »Ich muss an die Universität.«

MB: »Interessant, und was haben Sie da zu erledigen?«

Herr St.: »Ich arbeite dort zweimal in der Woche als wissenschaftlicher Referent. Bin zurzeit in ein ganz spannendes Projekt mit jungen Studenten eingespannt. Das macht mir riesig viel Spaß.«

MB: »Dann mal auf in Ihr Hemd – nicht, dass Ihre Studenten warten müssen.«

Eifrig unterstützte ich Herrn St. und war dabei zugegebenermaßen ziemlich perplex. Jetzt recherchierte ich seit mehr als zehn Jahren im Altenpflegebereich, doch ein Mensch, der trotz seiner Pflegebedürftigkeit immer noch einer bezahlten Arbeit nachgehen kann, war mir bisher nicht vor die Augen gekommen.

MB: »Entschuldigen Sie bitte die Frage, aber warum wohnen Sie hier in diesem Projekt?«

Herr St.: »Weil ich ohne fremde Hilfe nicht leben kann und mir hier das Maß an Freiheit und vor allem die Selbstbestimmung gelassen wird, um trotz schwerer Krankheit meiner geliebten Arbeit nachgehen zu können.«

MB: »Bisher habe ich hier nur Menschen mit niedrigem Einkommen, meist in Form einer Grundrente, unterstützt vom Staat, kennengelernt. Wenn man sich den alten Betonbau dabei genauer betrachtet, fällt einem doch schon auf, dass alles etwas heruntergekommen – oder besser in die Jahre gekommen ist. Stört Sie das nicht?«

Herr St.: »Wie Sie sicherlich bemerkt haben, bin ich relativ gut eingerichtet und mit allem, was ich für mein Leben benötige, ausgestattet. Und schließlich sorgt man hier zuverlässig dafür, dass ich zweimal in der Woche zur Uni befördert werde. Hört sich zunächst einfach an, doch das auch kontinuierlich durchzuführen, habe ich bisher nur an diesem Ort erlebt.«

In diesem Moment stand auch schon sein junger Fahrer vor der Tür und beide drängten, dass es Zeit sei loszufahren.

… und weitere Mieter warten

Gerade kam auch Stefan mit vollgepackten Einkaufstüten um die Ecke. Ich nahm ihm einen Teil der Einkäufe ab, und gemeinsam gingen wir zu Frau R.

Die 70-jährige Dame lebt gemeinsam mit ihrem Lebensgefährten in einer kleinen 2-Zimmer-Wohnung. Beide haben nur leichte körperliche Einschränkungen und sind der Pflegestufe I zugeteilt. Unsere Aufgabe war, die Wohnung in Ordnung zu halten, für beide das Haushaltsbuch zu führen und die Einkäufe zu tätigen. Gemeinsam haben sie wöchentlich 50 Euro zur Verfügung, womit sie sich komplett ernähren sollen.

Herr und Frau R. empfingen uns sehr herzlich und eher kumpelhaft. Der Respekt vor unserer Arbeit war beiden deutlich anzumerken und so saßen wir sehr schnell vor einem frisch gekochten Kaffee und einem frisch gebackenen Kuchen am Wohnzimmertisch. Gemeinsam besprachen wir in Ruhe die noch notwendigen Einkäufe und stellten einen Kochplan für den Rest der Woche auf. Die meist aus Spenden zusammengewürfelte Einrichtung zeigte die Armut des Ehepaares. Doch wie ich es auf meinen vielen Reisen in Asien oder auch Afrika immer wieder feststellen durfte, war auch hier, in diesen eher bescheidenen Verhältnissen, eine herzliche Freundlichkeit zu spüren. Nach einer guten halben Stunde ging es weiter zu Herrn D. in den 5. Stock.

Stefan erschien mir etwas sorgenvoll.

SG: »Bevor wir zu Herrn D. gehen, möchte ich noch bei Herrn Sch. vorbeischauen. Der war eigentlich gestern auf meinem Plan, hat mir allerdings die Tür nicht geöffnet. Lass uns mal nachschauen!«

Als wir aus dem Aufzug kamen, roch es nach Urin und Kot. Und je näher wir zur Wohnung von Herrn Sch. kamen, umso intensiver und unangenehmer wurde es. Hatte sich hier noch kein Nachbar beschwert?

Uns war es gar nicht mehr so wohl zumute und mit einem flauen Gefühl in der Magengegend klingelten wir. Keine Reaktion! Auch nach dem zweiten Klingeln rührte sich nichts.

Jetzt klopften wir laut an der Eingangstür. Doch auch darauf kam keine Reaktion.

SG: »So langsam mach ich mir Sorgen. Lass uns noch kurz zu Herrn D. gehen. Da müssen wir nur Staub saugen und den Einkauf vorbeibringen. Wir gehen dann noch mal vor Feierabend hierher. Und wenn uns dann keiner öffnet, muss ich im Büro anrufen – nicht, dass was passiert ist!«

Etwas angespannt machten wir uns auf den Weg und Herr D. erwartete uns schon sehnsüchtig. Der 75-Jährige lebt alleine in einer 1-Zimmer-Wohnung, die mit Bett, Singleküche, zwei Stühlen, einem Tisch und einem alten Fernsehgerät sehr spartanisch eingerichtet ist. Wie so einige Mieter in diesem Haus versuchte Herr D., seine Einsamkeit in Alkohol zu ertränken. Gegen Nachmittag war da auch schon einiges zusammengekommen und es roch wie in einer Kneipe.

Herr D.: »Hallo Jungs, hab euch schon erwartet. Habt ihr an meinen Tabak gedacht – ist nämlich nichts mehr da!«

SG: »Ja, wir haben alles bekommen. Können wir sonst noch etwas tun für Sie?«

Herr D.: »Setzt euch doch ein wenig – oder müsst ihr wieder weiter?«

SG: »Nee, wir müssen bei Ihnen auch noch etwas aufräumen und ich sehe, die Wäsche müsste noch in die Waschmaschine.«

Herr D.: »Jungs, keine Hektik, setzt euch doch erst mal!«

SG: »Wir erledigen zuerst unsere Arbeit und dann können wir noch gern ein Käffchen trinken und eine rauchen.«

So machten wir uns auch gleich an die Arbeit, die gestellten Aufgaben in der sonst aufgeräumten und überschaubaren Wohnung waren relativ schnell erledigt. Während Stefan die in die Jahre gekommenen Läufer gründlich absaugte, kümmerte ich mich derweil um die Wäsche. Jetzt wurde noch die auf dem Balkon getrocknete Wäsche ordentlich zusammengelegt und in den Kleiderschrank verstaut. Schon verstummte das laute Geräusch des Staubsaugers und die Wohnung war nahezu perfekt aufgeräumt. Herr D. hatte derweil schon einmal den Kaffee aufgebrüht und für jeden eine Zigarette gestopft.

Herr D.: »So, jetzt ist aber gut. Ihr hattet doch bestimmt einen anstrengenden Tag, setzt euch!«

SG: »Ja, bin gleich so weit. Gut, wie geht es Ihnen, Herr D.?«

Herr D.: »Ach weißte, man wird ja nicht jünger, doch es geht mir eigentlich ganz gut.«

SG: »Noch Schmerzen in den Beïnen?«

Herr D.: »Seit ich die morgens und abends gut einreibe, ist alles in Ordnung. Wen hast du da eigentlich dabei?«

SG: »Oh, entschuldigen Sie. Das ist unser Praktikant für die nächsten Wochen.«

Herr D.: »Und hast du ihn schon gefragt?«

SG: »Was?«

Herr D.: »Na, Junge, ob er Skat spielt. Wir brauchen doch immer den dritten Mann.«

MB: »Ja, sehr gerne – hat mir mein Großvater beigebracht.«

Herr D.: »Super, dann sparen wir uns morgen mal das Aufräumen und spielen eine Runde – einverstanden?«

SG: »Können wir tun. Jetzt aber mal was anderes. Haben Sie in den letzten Tagen zufällig Herrn Sch. gesehen?«

Herr D.: »Nee, aber du weißt ja, dass wir nicht gerade Freunde sind. Ist denn was passiert?«

SG: »Nee, nee, aber wir müssen jetzt weiter. Morgen lassen wir uns mehr Zeit und spielen.«

Herr D.: »Schade, dass ihr schon geht. Aber so kann ich mich wenigstens auf Morgen freuen.«

Einziger Freund – der Alkohol

Das erste Mal am heutigen Tag war eine gewisse Unruhe bei Stefan zu verspüren. Der bisher so gelassene Pfleger war sichtlich besorgt um den Zustand von Herr Sch. Doch welche Möglichkeiten hatten wir überhaupt noch? Die Wohnungen sind im Besitz der jeweiligen Mieter und im Gegensatz zu den meisten Altenheimen bestimmen diese auch, wer Zutritt zur Wohnung hat und wer eben nicht. Selbst der Wohnungsschlüssel ist nicht immer in den Händen des Pflegedienstes. Dies entscheidet auch immer die zu pflegende Person eigenständig und Herr Sch. hatte beim Netzwerk nie einen Schlüssel hinterlegt. So blieb uns zunächst keine andere Wahl, als Sturm zu klingeln und mit den Fäusten laut zu klopfen. Doch all diese Versuche blieben zunächst ohne Erfolg.

Uns beiden gingen Bilder von Menschen durch den Kopf, die man erst nach Tagen leblos in deren Wohnung gefunden hatte. Selbst der Versuch, von der Wohnung des direkten Nachbarn einen Blick durchs Küchenfenster zu werfen, misslang und wir entschieden, zunächst unser Büro zu informieren. Hier riet man uns nochmals, richtig laut zu klopfen und zu rufen und bei nochmaligem Misserfolg doch sicherheitshalber die Feuerwehr einzuschalten. Jetzt hatten wir beide sichtbar unsere Gelassenheit verloren, wir fürchteten um ein Menschenleben, obwohl ich den Mann bis dahin noch nicht einmal persönlich kannte.

Als wir nach dem letzten Versuch bereits die Feuerwehr am Telefon hatten, hörten wir ein leises Geräusch aus der Wohnung. Offenbar hatte uns Herr Sch. die ganze Zeit schon durch den Spion beobachtet und dabei gehofft, dass wir irgendwann nachlassen und gehen. Da hatte er allerdings nicht mit uns hartnäckigen Jungs gerechnet. Keiner von uns beiden wäre heute hier aus dem Haus gegangen, ohne das Schicksal von Herrn Sch. zu klären. Langsam drehte sich der Schlüssel, und die Tür öffnete sich einen minimalen Spalt. Diese kleine Öffnung reichte bereits aus, um bei uns beiden sofort einen Brechreiz auszulösen. Der intensive, ätzende Urin-, aber auch Kotgeruch brannte nicht nur in den Augen, sondern ließ mich automatisch würgen. Wir wichen zunächst ein paar Schritte zurück. Ohne die Geruchsorgane mit einem Tuch zu schützen, wäre keiner von uns nur einen Schritt in Richtung Eingangstür gegangen. Dabei machte Stefan mutig den Anfang und stieß die Tür etwas weiter auf, so dass wir einen ersten Blick auf Herrn Sch. werfen konnten. Vor uns stand ein kleiner, hagerer Mann, dessen graue Haare schon leicht verfilzt waren und dessen Körper eine bedenklich gelbe Farbe angenommen hatte. Seine Finger waren durch starken Tabakkonsum ebenfalls vergilbt. Dazu trug er einen Jogginganzug, der auch ohne menschlichen Inhalt locker den Halt gefunden hätte, von selbst zu stehen.

SG: »Herr Sch., schön, Sie doch noch zu sehen. Wie geht es Ihnen?«

Herr Sch.: »Ach, so ganz gut.«

Dabei trat er vor seine Tür und versperrte uns bewusst den Blick in seine Wohnung.

SG: »Warum haben Sie uns denn nicht geöffnet?«

Herr Sch.: »Ich höre sehr schlecht, gar nicht gemerkt, dass jemand vor der Tür ist. Aber gut so, könnt für mich bei Kaiser's noch zwei Päckchen Tabak einkaufen – falls ihr noch Geld habt?«

SG: »Ja, deswegen sind wir hier. Da sind noch über 15 Euro in Ihrem Portemonnaie. Also machen wir uns am besten direkt auf und sind gleich wieder zurück. Am besten, Sie geben uns Ihren Schlüssel, dann kommen wir auch rein.«

Herr Sch.: »Hast Recht! Hier ist der Schlüsselbund und bis gleich dann.«

Irgendwie hatte ich so das Gefühl, dass alle drei Beteiligten erst einmal sehr froh waren, dass sich die Situation zunächst so auflöste. Auch Stefan war auf dem Weg zum Einkaufen die Erleichterung deutlich anzumerken, doch unser eigentlicher Auftrag war noch nicht erledigt. Wir mussten noch in die Wohnung rein und irgendwie für Ordnung sorgen. Doch was uns da noch vor dem verdienten Feierabend zu erwarten hatte, konnte niemand vorausahnen und wenn, wären wir vielleicht doch nicht mehr zurückgegangen. Nur einige Minuten später hatten wir den Tabak besorgt und waren gespannt, ob uns Herr Sch. auch noch den Zutritt in seine Wohnung gewährte. Obwohl wir den Haustürschlüssel hatten, erwartete uns Herr Sch. bereits vor seiner Wohnung. Jetzt mussten wir geschickt vorgehen, um auch hineinzukommen. Stefan ahnte, dass Herr Sch. sicherlich noch scharf auf den restlichen Inhalt der Geldbörse war, um sich noch ein paar Bierchen zu kaufen. Uns Pflegekräften war es nicht erlaubt, Alkohol für Herrn Sch. zu besorgen.

Als sich die Wohnungstür dann auch tatsächlich öffnete, traute ich meinen Augen nicht. Abgesehen vom widerlichen Geruch hatte Herr Sch. den kompletten Teppichboden aus dem Wohnbereich entfernt und auf dem Balkon entsorgt. Lediglich an den Rändern, wo der Teppich mit doppelseitigem Klebeband fixiert worden war, sah man noch einige Fetzen. Der dadurch freigelegte Estrich hatte sich an einigen Stellen schon mit Urin vollgesogen und in einer Ecke mischte sich getrockneter Kot mit Erbrochenem. Das alte Fernsehgerät lief in voller Lautstärke, daneben stand ein Einkaufswagen. Dieser war vollgestopft mit alter Wäsche, die teilweise mit Kot, Urin und Erbrochenem verschmiert war. In einer Zimmerecke lag Bettzeug im gleichen Zustand und eine traurige Yuccapalme vertrocknete vor sich hin. Die alte Schlaf-couch in der Mitte des Zimmers sah nicht unbedingt besser aus und ich konnte mir nicht vorstellen, dass Herr Sch., mal abgesehen vom widerlichen Gestank, auf dem zerfetzten Teil schlafen konnte. Vor der Couch stand noch ein alter, vergilb-ter Campingtisch, verziert mit großen Brandflecken. Darauf eine Kaffeekanne, die eher nach Rum als nach Kaffee roch, mehrere verdreckte Gläser mit teilweise schimmeligem Inhalt und unzählige mit Kippen vollgestopfte Aschenbecher. Eine abgebrannte Kerze und vier Flaschen Bier rundeten das Bild des völlig vermüllten Tisches ab.

Der Wohnungszustand war einfach widerlich und eklig. Doch was war hier passiert und warum ist hier nicht aufge-räumt worden? Stefan bahnte sich den Weg bis zur Balkontür und schützte sich mit einem Schal, den er schnell mehrmals um den Mund und vor allem um die Nase gewickelt hatte. Durch den prägnanten Ammoniakgeruch tränten sofort seine Augen, doch gegenüber Herrn Sch. ließ er sich seine Abscheu kaum anmerken. Auf dem Balkon atmete er einige Male tief durch, dann wandte er sich Herrn Sch. zu.

SG: »Soll die Beate denn nicht besser morgen mal vorbei-kommen und nach Ihnen gucken?«

Herr Sch.: »Wird schon gehen.«

SG: »Na, ich frag bloß und biete Ihnen die Hilfe nur an.«

Mit rotem Kopf und sichtbar verlegen versuchte Herr Sch. ganz geschickt von dem unangenehmen Thema abzulenken und kam auf ein Fußball-Spiel am nächsten Tag zu sprechen.

Dabei merkte der erfahrene Stefan sofort, dass es am heu-tigen Tage wohl keinen Sinn mehr hatte und wir Herrn Sch. verbal nicht erreichen konnten.

SG: »Oh ja, Vorbereitung gegen Holland. Gucken Sie gerne?«

Herr Sch.: »Ja, ich war selbst ein ganz Guter.«

SG: »Gut, den Schlüssel hab ich Ihnen zurückgegeben. Haben Sie sonst noch einen Wunsch?«

Herr Sch.: »Nee!«

SG: »Also sonst alles okay und soll Beate nicht besser doch mal nach Ihnen schauen?«

Herr Sch.: »Alles okay. Ich räum nachher noch ein bisschen auf und mach mir noch einen Tee.«

SG: »Na, wenn Sie meinen, wir könnten hier nichts tun für Sie, dann bis zum nächsten Mal.«

Herr Sch.: »Ja, muss jetzt mal was essen. Gestern ging's mir so schlecht, dass ich keinen Appetit hatte.«

SG: »Deswegen hatte ich Sie doch gefragt, ob nicht mal besser eine Schwester nach Ihnen schaut.«

Herr Sch.: »Heute geht es ja schon wieder. Nee, ich will nicht, dass jemand kommt!«

Als die Wohnungstür hinter uns ins Schloss fiel, schnappten wir reflexartig erst einmal nach frischer Luft. Zugleich holte Stefan ein Desinfektionsspray aus seinem Rucksack, das er sich zu solchen Zwecken gekauft hatte. Und als hätten wir gerade eine Leprastation besucht, besprühten wir uns gegenseitig, bis der komplette Flur eingenebelt war.

MB: »Meine Güte, wir können den Mann doch nicht einfach so in seinem Dreck liegen lassen. Da müsste doch schnellstmöglich aufgeräumt werden und das am besten mit fachmännischer Unterstützung der Kammerjäger.«

SG: »Weißt du, es ist noch keine zwei Wochen her, da hat sein Betreuer richtig Kohle locker gemacht, und wir haben die ganze Wohnung komplett renoviert und neu eingerichtet.«

MB: »Und den Teppich habt ihr dabei vergessen?«

SG: »Natürlich nicht! Der wurde ganz neu erst vor zehn

Tagen verlegt. Man kann es sich zwar kaum vorstellen, doch da war alles tipptopp in Ordnung.«

MB: »Aber wie kommt es zu diesem Zustand? Das ist ja – gelinde gesagt – menschenunwürdig und macht ja auch nicht gerade für uns Pfleger Spaß hineinzugehen.«

SG: »Ganz bestimmt nicht, doch das ist seine Wohnung. Vor fünf Tagen hatte er seine Saufkollegen eingeladen und die haben dann bei einer exzessiven Sauferei zunächst auf den Teppich gepinkelt, danach noch gekotzt und dann alles herausgerissen. Ich war entsetzt und völlig von den Socken. Doch bei Herrn Sch. sind auch wir mit unserem Latein am Ende!«

MB: »Und wie soll es jetzt weitergehen? Man kann das doch so nicht lassen!«

SG: »Stimmt schon – doch uns sind da die Hände gebunden. Herr Sch. hat letztendlich zu bestimmen, was in seiner Wohnung läuft. Sein Betreuer hat resigniert sein Amt niedergelegt.«

MB: »Und wie ist euer Plan?«

SG: »Wir müssen warten, bis er den Zustand selbst erkennt und uns bittet, ihm zu helfen. Erst dann ist es auch rechtlich möglich, in seiner Wohnung etwas zu tun.«

MB: »Wie lange kann das deiner Erfahrung nach dauern?«

SG: »Das weiß nur Herr Sch. Wir können ihm nur immer unsere Hilfe anbieten und er entscheidet! Los, auf, wir fahren ins Büro, endlich Feierabend.«

In unserem kleinen Auto kämpften wir uns durch den Feierabendverkehr zurück. Das Büro und damit den verdienten Dienstschluss vor Augen, fehlte lediglich noch ein geeigneter Parkplatz. Erst nach mehreren Runden um den Wohnblock und in den angrenzenden Straßen fanden wir nach mehr als einer halben Stunde ein geeignetes Plätzchen. Es war bereits

15:30 Uhr und eigentlich sollten wir gegen 14 Uhr laut vorgegebenem Plan zurück sein. Wir mussten auch noch die lästige Tagesdokumentation erledigen, also in jede einzelne Akte die durchgeführten Tätigkeiten eintragen. Damit war dann unser Tageswerk vollbracht und gegen 16:30 Uhr konnten wir endlich das Büro verlassen. Mein Kollege Stefan war über die zweieinhalbstündige Überziehung nicht gerade begeistert. In der ambulanten Pflege werden in der Regel lediglich 7,5 Arbeitsstunden entlohnt – die geleisteten Überstunden allerdings nicht.

Ein gutes Gefühl

Endlich in meinem kleinen Zuhause angekommen, hatte ich ein gutes Gefühl, eine gewisse Zufriedenheit, über meine an diesem Tag geleistete Arbeit. Ein Gefühl, das ich in meinen bisherigen Recherchen in der Altenpflege viel zu selten bei mir bemerkt hatte. Meist kam ich physisch und psychisch vollkommen ausgebrannt in meine Wohnung zurück. Ich hatte dabei fast niemals empfunden, etwas wirklich Sinnvolles geleistet zu haben. Im Gegenteil, durch die industrielle Abfertigung von pflegebedürftigen Menschen im Minutentakt hatte ich meist ein schlechtes Gewissen und das Gefühl, zu wenig für die mir anvertrauten Menschen getan zu haben. Nur in wenigen Fällen war ich mir sicher, dem einen oder anderen Menschen tatsächlich geholfen zu haben. Genau dieses Gefühl fehlt auch den meisten meiner Kolleg(inn)en, die tagtäglich in der Pflege arbeiten. Doch heute war alles anders gelaufen, und ich konnte ein positives Resümee ziehen: Durch die Vernetzung der verschiedenen Tätigkeiten wie Einkaufen,

Kochen, aber auch Grundpflege, wird der pflegebedürftige Mensch in meinen Augen schon annähernd ganzheitlich betreut. Die Pflegehilfskraft wandelt sich von einem im Zeittakt funktionierenden Pflegeroboter hin zu einem Manager für ein Menschenleben. Sicherlich darf man dabei nicht die Augen vor der dennoch körperlich und seelisch harten Arbeit verschließen. Aber dadurch, dass man wie z.B. durch das Kochen dem anvertrauten Menschen etwas sichtbar Gutes getan hat, wächst das Selbstwertgefühl. Und wenn ich an die vielen Briefe und E-Mails denke, die ich seit dem Erscheinen meines Buches »Abgezockt und totgepflegt« von Pflegekräften stationärer und ambulanter Pflegediensteinrichtungen erhielt und noch immer erhalte, fällt deutlich auf, dass die meisten genau dies vermissen.

Für jeden Menschen in der Arbeitswelt ist es wichtig, irgendwann auch ein Ergebnis zu sehen. Dass dies im Pflegebereich im Umgang mit meist alten Menschen, die oft nicht mehr lange zu leben haben, nicht immer einfach umzusetzen und zu erkennen ist, zeigt die anwachsende Unzufriedenheit in diesem Arbeitsbereich. Analysiert man dazu noch die Statistiken der Berufsgenossenschaft zum Thema Berufsunfähigkeit, wird man feststellen, dass die Altenpflege weit vor anderen Berufsgruppen rangiert. In meinen Augen liegt dies genau an dem für mich zentralen Punkt: Am Ende des Tages hat der Betreuende das Gefühl, kein Ergebnis erzielt zu haben. Das ist der Hauptgrund, warum der ehrenhafte Pflegeberuf von den meisten Pflegekräften als unattraktiv und unmenschlich angesehen wird. Nicht von ungefähr gilt die häufig ausgesprochene Faustformel: Spätestens nach fünf Berufsjahren sollte man die Altenpflege verlassen, um nicht selbst zum Pflegefall zu werden.

Unsere Politik verschließt schon seit Jahren die Augen vor dieser Entwicklung und ist sich dabei nicht zu schade, das

Desinteresse an Pflegeberufen gerade bei jungen Menschen auf meine kritischen Veröffentlichungen zu schieben, weil ich in meinem ersten Buch schonungslos und realistisch den Pflegealltag in Altenpflegeheimen beschrieben habe. Wer sich allerdings einmal näher mit den Arbeitsbedingungen beschäftigt, dem ist klar, dass dies nur zur Ablenkung von der eigentlichen Problematik führen soll.

Ich muss es noch einmal sagen: An meinem ersten Morgen als Praktikant stand ich mit einem etwas bangen Herzen bei genau acht pflegebedürftigen Menschen vor der Wohnungstür – und beim Verlassen ihres Zuhauses hatte ich ein gutes Gefühl. Ich war zufrieden, ich hatte tatsächlich etwas bewirkt, hatte wirklich geholfen und Gutes getan.

Allein das reichte aus, um nachts ruhig schlafen zu können und mit vollem Elan am nächsten Morgen meinen Dienst wieder anzutreten.

Pfleger, Hausmann, Koch und Tröster –
ein ganz normaler Arbeitstag

Die erste Woche verging wie im Flug und der ersehnte Freitag war endlich da. Wie üblich trafen wir uns gegen 6:00 Uhr im Büro und fuhren gemeinsam. Am heutigen Tag stand die unzufriedene Frau B. gleich zweimal auf unserem Zettel. Zunächst morgens für 30 Minuten und dann zum Mittag nochmals für 40 Minuten.

Leise klopften wir an die Tür und erst als Frau B. laut antwortete, öffnete Stefan behutsam.

SG: »Guten Morgen, Frau B., haben Sie gut geschlafen?«

Frau B: »Als wenn dich das wirklich interessieren würde – tu doch nicht so scheinheilig und mach deine Arbeit!«

SG: Ich habe heute nur unseren Praktikanten dabei.«

Frau B: »Super, und wer hilft dir beim Waschen?«

SG: »Eben genau dieser.«

Frau B: »Praktikant – na, da bin ich ja mal gespannt, was der so gelernt hat. Los, fangt an, ich habe einen Bärenhunger.«

Stefan hatte bereits die Waschutensilien vorbereitet, während ich die Rollos langsam öffnete, und die Morgensonne mir den ersten, wirklichen Blick auf Frau B. ermöglichte. Bisher hatte ich ja nur das Vergnügen, ihre meist miese Laune von der Küche aus ertragen zu müssen. Jetzt bekam ich sie auch einmal zu Gesicht. Frau B. war bettlägerig. Ihre noch einzig verbliebene Freude war anscheinend das Essen: Eine völlig übergewichtige Dame lag vor mir, bereits ihr Anblick löste bei mir die ersten Rückenschmerzen aus. Stefan und ich hatten, obwohl wir recht sportliche Typen sind, erhebliche Probleme, Frau B. von einer Seite auf die andere zu wenden. Fast wäre sie uns aus dem Pflegebett gestürzt, als wir gerade bei der Morgenpflege waren. Bereits nach wenigen Minuten trieb uns die harte körperliche Anstrengung den Schweiß auf die Stirn, dabei ignorierten wir erfolgreich ihre stetigen Beleidigungen. Erst als wir nach gut 20 Minuten die Morgenpflege einigermaßen erfolgreich beendet hatten, wurde auch Frau B. etwas ruhiger. Und als sie den Geruch von frisch gekochtem Kaffee und getoasteten Brotscheiben vernahm, zeigte sie sich sogar einmal von ihrer freundlichen Seite.

SG: »So, wir sind jetzt fürs Erste durch. Was möchten Sie denn heute Mittag essen?«

Frau B: »Schau doch mal bitte in die Truhe, was überhaupt noch da ist.«

SG: »Gut, oh, das sieht gar nicht mehr so gut aus. Hier liegt nur noch die das gefrorene Hackfleisch von Königsberger Klopsen.«

Frau B: »Hm, und wie viel Geld haben wir noch für den restlichen Monat?«

SG: »Das sind noch genau 10,41 Euro für die letzten sechs Tage. Wird wohl nicht reichen.«

Frau B: »Dann macht doch für heute mal die Klopse mit Kartoffeln und ist heute nicht Freitag?«

SG: »Ja.«

Frau B: »Gut, dann ist doch die Tafel im Haus und ihr könnt mir das übliche Paket abholen. Das müsste für die nächsten Tage ausreichen. Vergesst aber die leckeren Mettwürstchen nicht – wie in der letzten Woche!«

SG: »Machen wir, bis später.«

Schon nach wenigen Minuten standen wir vor der Haustür des einsamen Herrn D. und Stefan wurde schon etwas nervös, da nach mehrmaligem Klingeln und Klopfen kein Geräusch aus dessen Wohnung zu vernehmen war.

SG: »Dann wird er wohl wieder an der Bushaltestelle sein.«

MB: »Jetzt, um kurz vor sieben? Was will er da?«

SG: »Natürlich auf Menschen treffen und den einen oder anderen in ein Gespräch verwickeln.«

Und Stefan sollte Recht behalten, denn hier stand der einsame Herr D. tatsächlich und hatte sich auch schon ein Bierchen gegönnt.

Herr D.: »Hallo Jungs, wen sucht ihr?«

SG: »Na, dreimal dürfen Sie raten, Herr D.!«

Herr D.: »Wie, stehe ich schon wieder auf eurer Liste?«

SG: »Ja, für die nächsten 20 Minuten und eigentlich wollen wir heute mal durchsaugen und nach ihrer Wäsche schauen.«

Herr D.: »Da ist alles in Ordnung, aber setzt euch doch. Wollt ihr auch ein Bier?«

SG: »Ein bisschen früh, und wir müssen noch arbeiten.«

Nach einem kurzen Gespräch über den regionalen Fußball

und Skat waren wir auch schon wieder unterwegs zu Herrn T., der als Nächster auf unserer Liste stand. Seitdem ich dem Schlaganfall-Patienten seine Buletten gebraten hatte, freute er sich offensichtlich jedes Mal, uns zu sehen. Nachdem wir die Grundpflege erledigt hatten, stand noch der wöchentliche Einkauf auf dem Programm. Doch auch bei Herrn T. war nicht mehr allzu viel in der Geldbörse, was dem netten Mann augenscheinlich unangenehm war. Schon während des Waschens versuchte er uns krampfhaft auf einen Zettel aufmerksam zu machen. Dieser hing völlig unscheinbar an einem Balken in der Küche. Als ich den ersten Blick darauf warf, war ich schockiert und berührt zugleich. Es befanden sich acht Zahlen darauf, die genau betrachtet, das Leben von Herrn T. beschrieben und gleichzeitig bis zum heutigen Tag auch bestimmten. Die erste Zahl in Höhe von 754,37 Euro war seine Rente.

Das Schockierende war, dass er mit seiner sauer verdienten Rente nicht die laufenden Ausgaben bezahlen konnte: Die Summe seiner Ausgaben übertraf die monatliche Überweisung des Rententrägers.

MB: »In welchem Beruf hat er gearbeitet?«

SG: »Er ist Heizungsmonteur. Seit seinem 16. und bis zum 65. Lebensjahr hat er immer geklebt, also für seine Rente eingezahlt – und heute braucht er Sozialhilfe, um über die Runden zu kommen.«

Bei den Ausführungen von Stefan liefen Herrn T. einige Tränen über die Wangen und seine Hände begannen leicht zu zittern, so dass Stefan schnell das Thema wechselte.

SG: »Schauen Sie mal, Herr T., meine Frau hat mir diesen Pullover für Sie mitgegeben. Gefällt der Ihnen?«

Herr T. bekam ein »ja« heraus und nickte weiter munter mit dem Kopf.

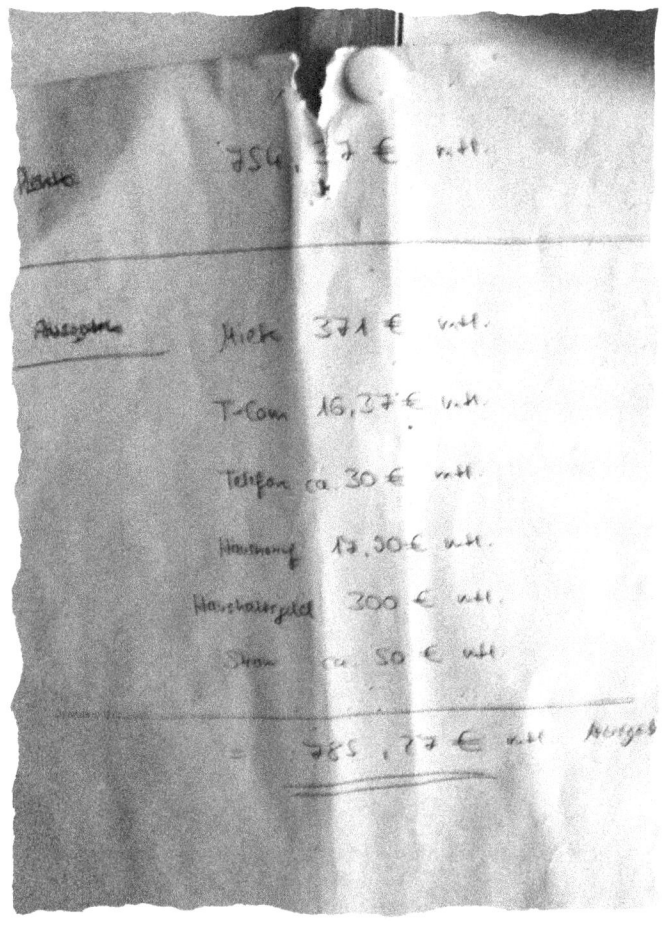

SG: »Der war für meinen Schwiegervater gedacht. Ihm ist er etwas zu groß und da dachte meine Frau direkt an Sie. Möchten Sie ihn haben?«

Wieder sagte er »ja«, begleitet von freudigen Lauten. Währenddessen klingelte es an der Haustür. Unsere Pflegedienstleitung und der Stellvertretende Geschäftsführer baten um Einlass. Ohne vorherige Anmeldung führen die beiden einmal monatlich eine Pflegevisite durch. Laut Pflegewiki dient eine solche Visite in erster Linie als Planungs- und Bewertungsinstrument im Rahmen des Qualitätsmanagements. Bei regelmäßigen oder anlassbezogenen Visiten werden Patienten oder Bewohner aufgesucht und über ihre Situation befragt. Durch dieses Gespräch sollen die Pflegeprobleme und Ressourcen, die Pflegediagnostik, die Formulierung der Pflegeziele sowie die Beurteilung der Pflege überprüft werden. Zentrales Anliegen ist dabei nicht die Sauberkeit des Zimmers, den Umgang mit Betäubungsmittel oder Ähnliches zu überprüfen, sondern sich über das Befinden und die Entwicklung des zu pflegenden Menschen Klarheit zu verschaffen. Letztendlich dient sie der internen Kontrolle und hilft dabei, mögliche Pflegefehler zu erkennen und sie zu beseitigen. Beim Netzwerk Pflege wird die Pflegevisite zur Verbesserung der Pflegeleistung monatlich durchgeführt. Bei Herrn T. gab es keine Probleme und so waren die beiden auch schon nach wenigen Minuten auf dem Weg zum Nächsten.

Stefan und ich sammelten inzwischen bis zum Mittag die Bestellungen für die Berliner Tafel ein, die heute ihren Besuch angekündigt hatte. Im Aufenthaltsraum waren von den vielen freiwilligen Helfern bereits die zur Verfügung gestellten Lebensmittel in Plastiktüten verpackt worden. Jeder Hilfsbedürftige konnte sich somit schnell bedienen, und das war bei dem massiven Andrang auch gar nicht anders zu organisieren. Nach gut einer Stunde hatten dann auch Stefan und ich alle Bestellungen der Bettlägerigen beisammen und waren auf dem Sprung zu Frau B. Kurz bevor es losging, schaute ich meinen Kollegen kurz an: »Noch eine Zigarette?«

SG: »Ja gerne, aber ich habe keine mehr.«

MB: »Kein Problem, nimm doch einfach eine von mir. Morgen rauch ich dann von dir, Kollege.«

SG: »Da musste dich bis nächste Woche gedulden. Ich muss erst warten, bis mein Lohn auf dem Konto ist.«

MB: »Mach dir keinen Kopf und nimm dir ein paar raus aus der Schachtel. Was verdienst du hier eigentlich?«

SG: »Das sind 6,50 Euro in der Stunde, und ich komme im Monat so auf 1100 Euro ohne Abzüge. Nachdem Kranken- und Rentenversicherung und Steuern runter sind, bleiben mir knappe 830 Euro.«

MB: »Und das reicht aus für den Monat?«

SG: »Wenn meine Frau nicht noch arbeiten würde, ging das überhaupt nicht. So kommen wir gerade über die Runden. Ein Auto ist allerdings nicht drin.«

MB: »Da kann ich nur mit dem Kopf schütteln. Bei diesem Betrag können wir ja froh und glücklich sein, später mal eine Rente in Höhe von Herrn T. zu bekommen. Keine rosigen Aussichten!«

SG: »Jetzt aber los, Frau B. wartet auf ihr Mittagessen und du kannst dir bestimmt vorstellen, wie unangenehm sie werden kann, wenn sie hungert.«

Und so war es, die alte Dame empfing uns schlecht gelaunt. Doch wir wussten, ihr Herz konnten wir nur über ihren Magen erobern. Dabei stand Frau B. nicht alleine auf unserem Plan, auch Herr T. und Herr H. sollten ein von uns gekochtes Mahl erhalten. Nun hieß es also, keine Zeit zu verlieren, denn die jeweils vorgegebene Zeit von 25 Minuten war erfahrungsgemäß schnell verstrichen. Während ich nach dem Kartoffelschälen noch die Königsberger Klopse zum Kochen brachte, war ich gleichzeitig mit dem Fisch und den Nudeln von Herrn H. beschäftigt, der ja gleich gegenüber wohnte. Stefan bereitete derweil bereits das Mittagessen für Herrn T. vor. Seine

Wohnung wurde gern als eine Art Aufenthaltsraum für uns Pflegekräfte genutzt. Herr T. freute sich riesig darüber, brachte dies doch zusätzlich Leben in seine »Bude«. Hier gab es immer einen frisch gebrühten Kaffee und eine aktuelle Tageszeitung, zudem war das Rauchen erlaubt. Herr T. war einer der wenigen der 144 Mieter in diesem Haus, der ausreichend Besuch bekam. Es war dem Mann förmlich anzusehen, wie sehr er dies genoss.

Nach einem schnellen Kaffee musste ich aber wieder rasch zu Frau B. Die Kartoffeln wie auch die Klopse waren so weit gar. Während ich die Soße noch etwas eindickte, räumte ich die Lebensmittel der Berliner Tafel aus den Tüten in den Vorratsraum ein. Noch war alles recht ruhig, denn die alte Dame war eingenickt und ihr leises, fast meditativ wirkendes Schnarchen ein sicheres Zeichen, dass dieser Zustand auch noch eine Weile andauern würde. Ich nutzte die Zeit, um in der Pflegedokumentation etwas mehr über Frau B. zu erfahren. Die gelernte Krankenschwester hatte fast ihr ganzes Leben für einen kirchlichen Träger gearbeitet und war auch in der Zeit nach ihrem Arbeitsleben meist ehrenamtlich in ganz Berlin unterwegs. Erst vor zwei Jahren bremste sie der erste leichte Schlaganfall. Nun war sie selbst auf die Hilfe anderer Menschen angewiesen. Der Akte zufolge war sie nicht verheiratet und hatte auch keine Kinder. Unter der Rubrik Angehörige stand lediglich die Adresse eines Betreuungsbüros hier in Berlin. Wie bei so vielen Pflegekräften blieb ihr durch den ständigen Einsatz für andere keine Zeit für das eigene Leben.

In diesem Moment öffnete sie ihre Augen: »Oh, hier riecht es aber gut, wann ist es denn so weit?«

MB: »Nur noch zwei bis drei Minuten für die Soße.«

Frau B: »Hast du mir ein Mettwürstchen mitgebracht?«

MB: »Ja, Sie haben Glück gehabt. Ich konnte noch ein einziges für Sie ergattern.«

Frau B: »Na, dann mal rüber damit!«

MB: »Noch vor dem Essen?«

Frau B: »Sehe ich in etwa so aus, als könnte ich das kleine Würstchen nicht vertragen? Her damit!«

Je näher ich mit der geräucherten Wurst kam, umso größer wurden ihre Augen und ihr Magen begann laut zu knurren. In Windeseile hatte sie das Würstchen verschlungen und verlangte sofort nach mehr: »So, jetzt kannst du mir die Klopse bringen!«

Ich nahm zunächst zwei kleine Fleischbällchen, einen großen Schwung Kartoffeln mit anständig viel Soße und servierte ihr den Teller. Als sie die Portion zu Gesicht bekam, wechselte ihre Laune genauso schnell wie bei einem Wetterhäuschen von Sonne auf Regen.

Frau B: »Du willst mich wohl wieder mal verarschen. Wo ist denn hier das Fleisch?«

MB: »Oh, Entschuldigung.«

Schnell entfernte ich in etwa die Hälfte der Kartoffeln und fügte noch fünf bis sechs Königsberger Klopse hinzu. Schon wechselte das kleine Wettermännchen wieder auf Sonnenschein.

Frau B: »Mann Junge, eins muss man dir lassen, kochen kannste!«

Und wie viele Köche in diesem Land teilte ich das Schicksal, dass meine Klopse zehnmal schneller gegessen wurden, als ich für die Zubereitung benötigt hatte. Doch mein Ziel war erreicht und Frau B. einmal vollends zufrieden gestellt.

MB: »Ich habe gesehen, dass Sie selbst in der Pflege gearbeitet haben.«

Frau B: »Ja, das ist lange her und ich möchte auch nicht darüber sprechen, sonst steigt mein Blutdruck.«

MB: »Warum?«

Frau B: »Weißt du, über 25 Jahre war ich fast täglich immer für andere Menschen da – und als ich selbst zum Pflegefall wurde ...«

Dabei wurde ihr Gesicht zusehends blasser und über die dicken Wangen kullerten die ersten Tränen. Ich hatte neben ihr Platz genommen und meinen Arm um ihre Schulter gelegt. Völlig überraschend umarmte sie mich und weinte dabei immer heftiger. Es dauerte eine Weile, bis sie sich wieder einigermaßen gefangen hatte. Unter weiteren Tränen erzählte sie mir, dass sich seither weder ihr ehemaliger Arbeitgeber noch ihre ehemaligen Kollegen bei ihr gemeldet haben. Es wurde sogar noch bitterer, denn der kirchliche Träger, für den sie tätig gewesen war, hatte die Pflege der Dame sogar abgelehnt und nur so kam sie zum Netzwerk. Jetzt konnte ich plötzlich ihren Frust verstehen und sah ab da ihre stetigen Beleidigungen gegenüber uns Pflegekräften mit anderen Augen.

Wie lebensnotwendig der wöchentliche Besuch der Berliner Tafel für die Mehrzahl der hier lebenden Menschen tatsächlich ist, zeigte mir ein Blick in ihren Kühlschrank und in den Vorratsraum. Ohne die mitgebrachten Lebensmittel hätte Frau B. für die letzten Tage des Monats tatsächlich hungern müssen.

Auch der einsame Herr D. ist auf die Lebensmittelspenden der Tafel angewiesen. Dabei ist mir bewusst, dass sich aufgrund seines Bierkonsums das Mitgefühl anderer in Grenzen hält. Über die wenigen Barmittel von Herrn D. verfügen wir, seine Pflegekräfte, und es ist uns strengstens untersagt, hiervon nur einen Tropfen Alkohol einzukaufen. Wie Herr D. trotz alledem an seine vier bis fünf Bierchen am Tage kommt, soll sein Geheimnis bleiben und hat mich als Pflegekraft auch nicht zu interessieren. Schließlich befinden wir uns hier nicht in einem Altenheim und nur Herr D. alleine entscheidet, wer in seine eigene Wohnung eintreten darf oder auch nicht. Und so lange diese ordentlich aufgeräumt ist und auch Herr D. einen sehr gepflegten Eindruck macht, kann und wird ihm wohl keiner das Trinken verbieten. Wer es allerdings doch mit erhobenem Zeigefinger tut, der sollte sich in seiner Freizeit in Nachbarschaftshilfevereinen organisieren und sich aktiv gegen die Volkskrankheit Nummer eins einsetzen.

Rasch hatte ich die mitgebrachten Lebensmittel in seinem Kühlschrank verstaut, während er seelenruhig auf seinem Sofa schlief. Schon war ich auf dem Weg zu Herrn Sch. und da sah die Welt etwas anders aus. Er hatte die Kontrolle über seinen Alkoholkonsum schon lange verloren und allein sein Erscheinungsbild zeigte mir, dass er auch sich selbst aufgegeben hatte. Auch am heutigen Tage öffnete er nach mehrmaligem Klingeln und lautem Klopfen seine Wohnungstür lediglich einen kleinen Spalt.

MB: »Hallo. Ich habe Ihre Lebensmittel von der Tafel.«

Herr Sch.: »Danke, geben Sie her!«

MB: »Kann ich sonst etwas für Sie tun?«

Herr Sch.: »Nein, mir geht es gut.«

MB: »Wirklich nicht?«

Herr Sch.: »Nein, ganz sicher.«

Dabei schloss er vor meiner Nase die Tür und ließ mich im Flur allein zurück. Mir blieb nichts Weiteres übrig, als seine höfliche Absage auf mein Hilfeangebot in seine Pflegedokumentation einzutragen. Wie meine Kollegen zuvor schrieb ich lediglich den Satz: »Herr Sch. hat die Pflege verweigert« ein und damit war das Thema für heute erledigt. Es handelt sich schließlich um die Wohnung von Herrn Sch., in der er selbst das Recht hat, jedem den Zutritt zu verweigern.

Keine Angst vor HIV-Patienten – Weiterbildung hilft

Jetzt hatte ich lediglich noch die Tüte von Herrn H. in meiner Hand und war bereits auf dem Weg zu seiner Wohnung mit Stefan verabredet, denn wir wollten Herrn H. heute noch gemeinsam duschen. In den vorherigen Tagen hatte ich bei ihm lediglich hauswirtschaftliche Tätigkeiten wie Einkaufen und Kochen erledigt. Seine HIV-Erkrankung war für mich bereits in den Hintergrund getreten. Heute war dies allerdings durch das geplante Duschen doch etwas anders, und ich machte mir schon einige Gedanken, wie ich mich am besten verhalten sollte. Zu meinem Glück hatte ich ja den erfahrenen Stefan an meiner Seite, und bevor wir die Wohnung betraten, suchte ich Rat.

MB: »Sorry, Stefan. Ich habe bisher noch nie einen HIV-Erkrankten in meinem Leben gepflegt. Worauf muss ich grundsätzlich achten?«

SG: »Zunächst kann ich dich beruhigen. Wir legen Wert auf eine ganz normale Behandlung, damit Herr H. sich nicht ausgegrenzt fühlt. Wichtig ist darauf zu achten, immer Handschuhe zu tragen, damit bei eventuellen offenen Hautstellen kein infiziertes Blut berührt wird. Besonders beim Rasieren musst du darauf achten, aber das müssen wir eigentlich bei jedem Pflegebedürftigen.«

MB: »Wie groß siehst du die Gefahr, sich anzustecken?«

SG: »Absolut gering, doch wenn dich das Thema mehr interessiert, wir haben heute nach Feierabend eine Fortbildung in der Firma.«

MB: »Betreut ihr denn viele HIV-Infizierte?«

SG: »Da wir im Gegensatz zu manch anderen Pflegediensten auch homosexuelle Pflegebedürftige betreuen, kommt das häufiger vor.«

Ich räumte noch schnell die Lebensmittel der Tafel in den Kühlschrank von Herrn H. und dann legten wir auch schon los. Mittlerweile hatte ich mich an seine Schreie gewöhnt und ignorierte sie, wie auch mein Kollege, ohne mit der Wimper zu zucken. Nach gut 20 Minuten war Herrn H. frisch rasiert und geduscht. Wir machten uns auf den Weg in die Firma. Schließlich war heute Freitag und sowohl für Stefan als auch für mich stand ein dienstfreies Wochenende vor der Tür. Doch da war ja noch die von Stefan erwähnte Fortbildung zum Thema Umgang mit HIV-Infizierten. Hierzu hatten sich bereits viele Kolleginnen und Kollegen im Dienstzimmer eingefunden. Nachdem wir uns mit einem frischen Kaffee bewaffnet hatten, legte unsere Pflegedienstleiterin (PDL) auch gleich los.

PDL: »Liebe Kolleginnen, liebe Kollegen, heute steht eine Weiterbildung zum Thema Umgang mit HIV-Infizierten auf dem Dienstplan. Ich möchte euch mit einigen wenigen, aber wichtigen Ausführungen zum Thema die Angst nehmen. Also, übertragen wird das HI-Virus durch Körperflüssigkeiten wie Blut, Sperma und Vaginalsekret. Als häufigste Infektionswege gelten der Vaginal- oder der Analverkehr ohne die Verwendung von Kondomen und die Benutzung von kontaminierten Spritzen. Für uns Pflegekräfte gilt dabei besonders auf Hygiene bei den Spritzen und bei unserer Schutzkleidung zu achten …«

In einer reichlichen Stunde gelang es der PDL tatsächlich, uns die Angst vor der Pflege von HIV-Infizierten zu nehmen. Grundsätzlich wird Wert auf eine möglichst normale Behandlung ohne Stigmatisierung von HIV-Infizierten gelegt. Dabei hat die Pflegekraft sich stets einer moralischen Wertung des Sexuallebens des zu Pflegenden zu enthalten. Wichtig bei dem Umgang mit HIV-Infizierten ist, dass die tägliche Routine nicht dazu führen darf, unvorsichtig oder nachlässig zu werden. Außerdem sollte man stets auf ausreichend

Schutzkleidung achten, ohne dabei durch übertriebene Hygienemaßnahmen und Distanz den Infizierten zu diskriminieren. Zudem sollten scharfe oder spitze Gegenstände, die mit dem Blut in Kontakt gekommen sind, sofort entsorgt werden. Zum eigenen Schutz wird empfohlen, eine Hepatitis B-Impfung durchführen zu lassen und besonders auf eine gute Hautpflege zu achten, da durch Risse infektiöses Material eindringen könnte. So lange sie dies beachtet, kann einer Pflegekraft kaum etwas passieren.

Für den Infizierten kann das Leben durch neuartige Medikamente zwar verlängert werden, doch sollte man dabei die starken Nebenwirkungen nicht außer Acht lassen. Hierdurch können im verstärkten Maße u.a. Krebserkrankungen, Pneumonien und sogar AIDS-Demenz auftreten. Das Schlaganfallrisiko erhöht sich um 300 Prozent. Jeder, der aufgrund dieser neuen Medikamente denkt, den Verlauf dieser tückischen Krankheit aufhalten zu können, sollte sich dringend mit diesen Nebenwirkungen näher beschäftigen, um das Krankheitsbild nicht auf die leichte Schulter zu nehmen.

Für mich als Pflegekraft sind genau diese Fortbildungen lebenswichtig im Hinblick auf meine eigene Gesundheit, aber natürlich auch zum Schutz der mir anvertrauten pflegebedürftigen Menschen. Weiterbildungen solcher Art finden beim Netzwerk Pflege regelmäßig statt und zeigen, dass hier wirklich der Mensch im Mittelpunkt steht.

Netzwerk Pflege – ein Modell der Zukunft

Die Arbeitstage beim Netzwerk vergingen wie im Flug und so war mein Praktikum schneller zu Ende als gedacht. Immer

mehr war ich begeistert von dem dort praktizierten zukunfts-
weisenden Pflegemodell und bin überzeugt, dass wir in Zu-
kunf mehr solche Versorgungsstrukturen wie in deren Projekten benötigen werden. Denn nicht nur Pfleger, sondern auch
Menschen in vielen anderen Berufen mussten in den letzten
Jahren erhebliche Gehaltseinbußen durch völlig neue Ta-
riflandschaften, Leiharbeit und Minijobs hinnehmen. Immer mehr Menschen werden nur niedrige Renten bekommen
und sich im Alter nichts mehr leisten können, weshalb sie sich
bei eigener Pflegebedürftigkeit nicht mehr als eine Einrichtung wie die des Netzwerks Pflege werden leisten können. Die
Frage wird dann allerdings sein: Wer kümmert sich noch um
all diese Menschen? Kirchliche Unternehmen wie auch Wohlfahrtsverbände werden es voraussichtlich nicht tun, denn sie
lehnen schon heute nicht selten die Versorgung von Menschen aus wirtschaftlichen Gründen ab. Dabei halte ich die
vom Netzwerk Pflege entwickelte Mischform einer ganzheit-
lichen Pflege, die Grund- und Hauswirtschaftspflege kombi-
niert, für einen Ausweg aus dem Pflege-Dilemma. Drei we-
sentliche Punkte sprechen für dieses wegweisende Modell:

1. dem zu Pflegenden wird ein eigener geschützter Raum
   geboten,
2. seine Selbstbestimmung wird weitestgehend erhalten
   oder wiederhergestellt,
3. durch die gesparten Anfahrtzeiten und kurzen Wege im
   Haus bleibt den Pflegekräften mehr Zeit für den Menschen.

Das von Pflegekräften geleitete Unternehmen stellt tatsächlich das Wohlbefinden von zu Pflegenden und Pflegern
in den Vordergrund. Die Tagestouren werden so zusammen-
gestellt, dass weder einseitige Belastung noch eintöniges
Abarbeiten an der Tagesordnung sind. So wird verhindert,

dass der Pfleger zum Pflegeroboter verkommt. Der Beruf wird wieder spannend und interessant. Sicherlich wird hierdurch der Pflegekraft mehr abverlangt als sonst üblich, doch es schafft eine persönliche Bindung zu den Pflegebedürftigen, die Verantwortung fördert und Gewalt entgegenwirkt. Durch die Zusammenstellung verschiedener Tagestouren und die Möglichkeit, diese mit Kollegen zu tauschen, verhindert man einen monotonen Alltag, der zum Burn-out-Syndrom führen kann. Beim Netzwerk Pflege entspricht die Tätigkeit des Pflegers den Idealen, wie sich gerade junge Menschen das Berufsbild eines Pflegers/einer Pflegerin vorstellen.

Es war Zeit umzuziehen. Schließlich wollte ich erfahren, was mir der Pflegebasiskurs noch so bringt und wie ich mich im Berufsalltag schlagen würde.

Im Vollzeitjob – aber nur als »ungelernte« Hilfskraft

Mein Weg führte mich in die Baden-Württembergische Hauptstadt. Die Wohnungssuche erwies sich als erste schwere Hürde. Schließlich muss ich die Miete von meinem Verdienst als Pflegekraft bezahlen, und das ist bei einem durchschnittlichen Quadratmeterpreis von 10 Euro Kaltmiete gar nicht so einfach. Als ich nach mehr als vier Wochen immer noch keine Wohnung gefunden hatte, vermittelte mir eine langjährige Freundin ein 1-Zimmer-Appartment im Nordwesten von Stuttgart. Die 34 Quadratmeter große Wohnung kostete warm immerhin noch 460 Euro – und das muss man als Pflegekraft erst einmal vom Verdienst bestreiten können.

Noch am gleichen Tag suchte ich zunächst die Bundesagentur für Arbeit auf. Im Vergleich zur Bewerbungsphase als Hilfskraft in Altenheimen wie bei der Recherche für mein erstes Buch waren die verschiedenen Stellenangebote nicht vom eigentlichen Unternehmen selbst, sondern in den meisten Fällen von Leiharbeitsfirmen ausgeschrieben. Dass selbst in einer Branche, wo händeringend Personal benötigt und auch gesucht wird, die Stellen vorrangig durch Leiharbeitsunternehmen angeboten werden, überraschte mich doch sehr. Allerdings wollte ich aufgrund meiner Erfahrungen in meinen letzten Recherchen zu Leiharbeitsfirmen nicht unbedingt wieder für ein solches Unternehmen arbeiten. Schließlich ging es mir jetzt um die Pflegeunternehmen. Wie sollte ich diese genau testen, wenn ich nicht einmal direkt bei ihnen angestellt war?

So war ich gezwungen, nach anderen Wegen zu suchen und konzentrierte mich zunächst auf die verschiedenen Stellenangebote der Tageszeitungen. Doch auch hier wurden die meisten offenen Stellen von Leiharbeitsfirmen beworben, und erst bei den Kleinanzeigen waren dann auch einige private Pflegeunternehmer zu finden. So stieß ich auf das Stellenangebot von AMU*, einem privaten Kleinunternehmen, geführt von ehemaligen Pflegekräften. Einen Tag später stand ich vor dem kleinen Büro im Norden von Stuttgart. Ich war verabredet mit der Pflegdienstleiterin (PDL), die auch gleichzeitig Geschäftsführerin war. Die schon etwas in die Jahre gekommene Büroeinrichtung war für mich ein erstes Indiz, dass auch dieses Pflegeunternehmen nicht gerade einen großen wirtschaftlichen Gewinn erzielt. Die nette, zierliche Geschäftsführerin glänzte auch eher mit pflegerischem als mit wirtschaftlichem Wissen. Besonders auffällig, dass vor dem Büro kein einziges Firmenfahrzeug zu sehen war.

GF: »Sie wollen also bei uns anfangen, welche Vorkenntnisse haben Sie denn?«

MB: »Ich habe den Pflegebasiskurs erfolgreich abgeschlossen.«

GF: »Das ist bestimmt schön für Sie, doch der wird in Baden-Württemberg leider nicht anerkannt.«

MB: »Jetzt wollen Sie mich doch bestimmt auf den Arm nehmen – oder?«

GF: »Nein, das ist hier leider so.«

MB: »Also bin ich quasi umsonst in die Schule gegangen?«

GF: »Für Sie persönlich hat der Kurs bestimmt etwas gebracht, aber ich kann ihn nicht anerkennen. Somit sind Sie für mich eine ungelernte Hilfskraft, die wir hier Demenzbetreuer nennen.«

MB: »Gut, haben Sie denn Arbeit für einen Demenzbetreuer?«

GF: »Ja, ich hätte da noch eine Vollzeitstelle zu besetzen. Wenn Sie möchten, können Sie gleich morgen beginnen. Aber vorab, haben Sie einen Führerschein und ein eigenes Auto?«

MB: »Ja, wieso?«

GF: »Da wir keinen Firmenwagen haben, fahren unsere Mitarbeiter mit dem eigenen Auto. Doch machen Sie sich keine Sorgen, zum Ausgleich bekommen Sie ja 0,20 Euro pro gefahrenem Kilometer von uns erstattet.«

MB: »Und wie rechnen wir das ab?«

GF: »Ganz einfach. Sie führen ein Fahrtenbuch und erhalten von uns die Einsatzplanung, anhand dessen werden die gefahrenen Kilometer ermittelt und am Ende des Monats abgerechnet.«

MB: »Gut, einverstanden. Jetzt würde ich noch gerne wissen, was ich so im Monat verdienen kann.«

GF: »Als Demenzbetreuer bekommen Sie 6,50 Euro in der Stunde.«

MB: »Entschuldigung, gibt es nicht seit sechs Wochen den Mindestlohn in der Pflege?«

GF: »Ja, der gilt allerdings nicht für den Demenzbetreuer.«

MB: »Interessant! Dann sind das bei 160 Stunden in etwa 1040 Euro brutto im Monat – oder?«

GF: »Nicht ganz. Wir schließen nur noch 120 Stunden-Verträge ab, das ist mittlerweile üblich so in der Branche.«

MB: »Das macht dann 780 Euro brutto im Monat. Kann schon knapp werden – oder?«

GF: »Da müssen Sie sich keine Sorgen machen, sollte es nicht ausreichen, zahlt das Arbeitsamt was obendrauf. Dort können Sie die gesetzlichen Zuschüsse beantragen. Machen einige Ihrer Kollegen schon länger. Also, können Sie sich vorstellen, ab morgen eine Route zu übernehmen?«

MB: »Ja.«

GF: »Gut, dann drucke ich Ihnen die Route schon einmal aus. Hier stehen alle Informationen, die Sie benötigen. Die Adressen, die zur Verfügung stehende Zeit und die auszuführenden Tätigkeiten. Das sollte wohl für den ersten Tag genügen.«

So stand ich bereits nach 30 Minuten, ausgestattet mit einem Arbeitsvertrag über monatlich 120 bezahlte Arbeitsstunden zu 6,50 Euro/Stunde, wieder vor der Tür des kleinen Unternehmens. In der Hand hielt ich die Liste mit genau 16 verschiedenen Adressen, weit über die Großstadt Stuttgart verteilt. Schon die Liste ließ mich zweifeln, ob dieses Pensum tatsächlich in sechs Arbeitsstunden zu bewältigen war.

Zehn Minuten: waschen – anziehen – fertig!

Am nächsten Morgen stand ich wie vereinbart um 5:30 Uhr vor dem noch verschlossenen Büro des kleinen Pflegeunternehmens. Wenige Minuten später trafen auch die ersten Kolleginnen ein. Die einzige examinierte Pflegeschwester übernahm das Kommando. Schnell und routiniert verteilte sie die notwendigen Haustürschlüssel und in Windeseile verschwanden alle Kolleginnen in ihren Autos. Mit einem dicken Schlüsselbund, an dem jeder einzelne Schlüssel mit einem Namen versehen war, stand ich nun sehr alleingelassen auf dem Parkplatz vor dem Büro. Sollte ich wirklich ohne jegliche Einarbeitung loslegen? Das konnte doch nicht sein! So rief ich bei der PDL an, um mehr zu erfahren. Diese machte mir in wenigen, knappen Worten klar, dass meine Zeit bereits am Laufen war und dass Überstunden selbstverständlich nicht entlohnt werden. So fütterte ich mein Navigationsgerät mit der ersten Adresse und nach kurzer Zeit wies das Gerät eine Gesamtstrecke von 5,8 Kilometern aus, quer durch die Innenstadt Stuttgarts. Die langen Wartezeiten vor den vielen Verkehrsampeln und dazu der morgendliche Berufsverkehr führten dazu, dass ich fast 45 Minuten zur ersten Adresse benötigte. Erschwerend kam hinzu, dass ich für die zu pflegenden Menschen eine völlig fremde Person war. Man hatte sich nicht einmal die Zeit genommen, mich in einer Art Einarbeitung den hilfsbedürftigen Menschen wenigstens persönlich vorzustellen. So stand ich zunächst vor der Haustür von Frau T. und öffnete diese behutsam. Dabei wurde mir in diesem Moment klar, dass ich mit den 16 Haustürschlüsseln direkten Zutritt zu privaten Wohnungen hatte. War das in mich gesetzte Vertrauen nicht schon etwas fahrlässig? Schließlich hätte ich ja auch ein mehrmalig vorbestrafter Dieb sein können, der jetzt in aller Ruhe und Gelassenheit die Wohnungen all dieser hilfsbedürftigen Menschen ausräumen würde. In der heutigen Zeit sollte sich eigentlich jeder Pflegedienst beim Bewerbungsgespräch ein polizeiliches Führungszeugnis des Bewerbers vorzeigen lassen. Allein der wertvolle Goldschmuck auf dem kleinen Schrank neben dem Bett von Frau T. hätte mir mehr als ein ganzes Monatseinkommen eingebracht.

Doch zurück zu meiner eigentlichen Aufgabe, nämlich die alte Dame zu versorgen. Auf dem Dienstzettel war wie bei den meisten anderen Pflegefällen einfach nur »Waschen und Anziehen in acht bis zehn Minuten« aufgeführt. In dieser kurzen Zeit sollte ich mich als neue Pflegekraft der Dame vorstellen, sie schnellstmöglich entkleiden, in ihrer Wohnung die Waschutensilien finden, sie dann im Eiltempo waschen und wieder anziehen. Ich wunderte mich, wie gleichgültig die sehr zurückhaltende alte Dame das Prozedere hinnahm. Allein ihr Verhalten zeigte mir, dass ein häufiger Wechsel des Pflegepersonals für sie wohl nichts Neues war.

Und schon war ich wieder in meinem Auto, erneut zeigte das Navi eine Strecke von 4,5 Kilometern zum nächsten Pflegebedürftigen an. Es dauerte wieder 20 Minuten durch die Großstadt und dann noch weitere 15 Minuten, um einen passenden Parkplatz zu finden. Kopfschüttelnd schaute ich auf meinen Plan. Den konnte ich doch niemals einhalten!

Laut Plan steht mir allein für den Wohnungswechsel eine bezahlte Rüstzeit von genau sieben Minuten zu. Und zwar egal, ob die nächste Adresse gleich um die Ecke oder kilometerweit entfernt ist, ob ich im Berufsverkehr stecke oder Parkplatznot herrscht. Jeglicher Zeitrahmen, der darüber hinausgeht, wird mir selbstverständlich nicht als Arbeitszeit angerechnet. So trage ich, die Pflegehilfskraft, in diesem Fall das unternehmerische Risiko allein auf meinen Schultern, denn die 28 Minuten bezahlt mir keiner.

Bis zum Ende meiner Dienstschicht verlor ich alleine durch die Parkplatzsuche mehr als 60 Minuten. Kein Wunder, dass ich an meinem ersten Arbeitstag die Wohnung des letzten Kunden erst um 16:00 Uhr verlassen konnte, somit den letzten Kunden erst ca. 15.30 Uhr gewaschen habe. Eine Zumutung für den Kunden – die eigentliche Morgenwäsche erhielt er am Nachmittag! Jetzt lag noch ein weiter Weg durch die Innenstadt bis zu meiner Wohnung vor mir. Es war 17 Uhr, als ich endlich zu Hause war.

Erst nach einer Woche hatte ich das Gefühl, die mir anvertrauten Pflegebedürftigen so langsam kennenzulernen. Die vorgeschriebenen Pflegezeiten von maximal zehn Minuten pro Kunde hatten bisher keine Zeit für ein persönliches Gespräch zugelassen. Der bisherige Kontakt ging daher über eine freundliche Begrüßung und Verabschiedung nicht hinaus. Ich war unzufrieden, unglücklich. Wie sah denn das Ergebnis meiner Arbeit aus? Ein monotones Waschen – Anziehen – Fertig? Sicherlich, die Person war nun sauber und ich hätte mich darüber freuen können, doch das alleine macht mich doch als Pflegekraft nicht glücklich. Ich wiederhole es immer wieder: Zur Pflege eines Menschen gehört weit mehr als ein meist unpersönliches und schnelles Waschen der zu pflegenden Person.

Teilweise erinnerte mich die Tätigkeit hier an meine Zeit als Leiharbeiter bei Bayer oder Opel. Nur, da ging es noch um leblose Gegenstände. Hier waren es jedoch Menschen, die von mir in einem vorgegebenen Minutentakt fast mechanisch abgearbeitet werden mussten und so zu Nummern auf meiner To-Do-Liste verkamen. Mein Arbeitsziel war erst dann erreicht, wenn jede einzelne Nummer am Ende des Tages abgehakt war und somit auch abgerechnet werden konnte. In meinen Augen ist das menschenunwürdig!

Während meines Praktikums in Berlin hatte ich eine andere, ja menschenwürdige, Pflege erlebt und selbst durchgeführt. Klar, es war auch körperlich anstrengend gewesen und manchmal tat auch meine Seele weh, aber ich hatte nach Dienstschluss immer ein Gefühl der Zufriedenheit – ich hatte den Menschen etwas Gutes getan. Zudem investierte ich jetzt täglich nahezu 90 Minuten meiner eigenen Freizeit für dieses »Abhaken«, da Überstunden weder entlohnt noch verrechnet wurden. Dabei konnte ich mir dies bei einem Stundenlohn von 6,50 Euro/Stunde nicht einmal leisten. Allein die Bilanz der ersten Woche wies eine Arbeitszeit von 30 Arbeitsstunden und zudem 8,5 Überstunden aus. Um in einer Stadt wie Stuttgart überhaupt leben zu können, kann sich garantiert kein schlecht entlohnter Mensch leisten, wöchentlich 8 bis 10 Stunden ohne irgendeinen finanziellen Ausgleich zu arbeiten. Doch genau dies wird täglich von den meisten Pflegekräften in unserem Land ganz selbstverständlich verlangt.

Ich fühlte mich ausgenutzt, ja sogar ausgebrannt und das bereits nach wenigen Tagen. Es fiel mir immer schwerer, mich für die körperlich und seelisch anstrengende Arbeit zu motivieren.

Facetten des Pflegealltags

Und wieder war ich unterwegs mit einer Namensliste von 16 Personen, für die mir mein Arbeitgeber genau sechs Arbeitsstunden entlohnt. Und es bleibt täglich mir überlassen, ob ich nach den sechs Stunden aufhöre oder den restlichen drei bis vier Personen auf meiner Liste quasi auf meine Kosten die ihnen zustehende Pflege zukommen lasse.

Nach den ersten beiden kurzen Einsätzen bei zwei Damen im Norden von Stuttgart war ich nun unterwegs zu einem Herrn in der Stadtmitte. Der 72-jährige Rentner war sein ganzes Arbeitsleben in der Produktion von Mercedes-Benz beschäftigt und erhält dafür eine Rente, die ihm ein angenehmes Leben in einer schönen 2-Zimmer-Wohnung im Zentrum von Stuttgart ermöglicht. Der immer noch recht sportlich aussehende Mann erlitt vor zwei Jahren einen Schlaganfall, von dem er sich allerdings wieder recht gut erholen konnte. Durch die sorgsame Pflege seiner Ehefrau und das tägliche Training war er wieder in der Lage zu sprechen. Lediglich die Lähmungen behinderten den Mann noch erheblich. Erst als seine Ehefrau vor zwei Monaten ganz plötzlich und unerwar-

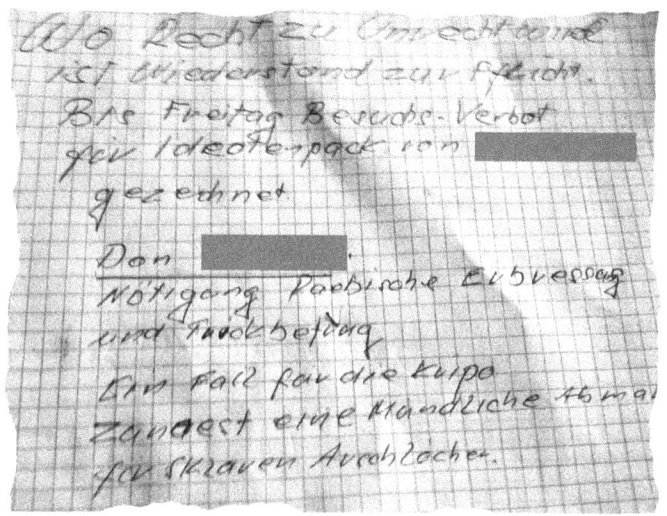

tet starb, wurde unsere Firma mit seiner Pflege beauftragt. Sein körperlicher Zustand hatte sich seither kaum verändert, nur psychisch war er noch immer ziemlich am Boden. Als ich vor seiner Haustür war, traute ich zunächst meinen Augen nicht. Der sonst so höfliche und zurückhaltende Mann hatte einen Zettel an seiner Tür angebracht, dessen Inhalt klar an die Mitarbeiter meines Arbeitgebers gerichtet war.

Behutsam öffnete ich die Haustür und ignorierte zunächst den Zettel, doch Herr M. erwartete mich bereits wütend:

Herr M.: »Können Sie nicht lesen? Ich will euch nicht mehr in meiner Wohnung sehen. Gehen Sie bitte raus!«

MB: »Aber was habe ich Ihnen denn getan?«

Herr M.: »Das ist doch immer das Gleiche mit euch. Fängt schon mit meinen Augentropfen an, die ich nur einmal am Tag brauche – und ihr vergesst sie immer wieder. Nee, das hat keinen Sinn mehr!«

MB: »Also hat unsere Fachkraft die Tropfen vergessen. Warum haben Sie denn nichts gesagt?«

Herr M.: »Junge, erst mal kommt hier alle naselang ein neuer Pfleger und dann bin ich doch der Behinderte. Soll ich alter Sack euch noch eure Arbeit beibringen, oder was?«

MB: »Man kann ja mal was vergessen.«

Herr M.: »Doch nicht jeden Tag, schließlich zahl ich eine Menge Geld und das bestimmt nicht, um mich jeden Tag aufzuregen. Nee, Junge, jetzt ist endgültig Schluss mit euch – ihr kommt mir nicht mehr rein!«

MB: »Kann ich dann wenigstens den Zettel von der Tür nehmen?«

Herr M.: »Der bleibt auf jeden Fall dran. Kann ruhig jeder wissen, was für Halunken ihr seid.«

MB: »Na ja, mal die Augentropen vergessen hat wohl wenig mit Betrug und Nötigung zu tun. Bestimmt kein Fall für die Kripo – oder?«

Herr M.: »Pass mal auf, was ich dir jetzt sage. Erst vergesst ihr meine Tropfen, fangt an, mich auszuziehen und zu waschen, ohne mich vorher zu fragen. Zu guter Letzt fehlt noch seit Tagen mein Portemonnaie mit mehr als 100 Euro und mein Personalausweis.«

MB: »Oh, da kommt ja einiges zusammen. Haben Sie denn mal im Büro angerufen und den Verlust gemeldet?«

Herr M.: »Das kümmert da doch keinen von diesen Sesselfurzern. Nee, ihr kommt mir nicht mehr in die Wohnung und zwar basta!«

MB: »Gut, wissen Sie was? Es wird wohl am besten sein, tatsächlich die Polizei zu rufen. Ich meine, Ihre Beleidigungen kann ich ignorieren, doch die Anschuldigungen gehen weit darüber hinaus und sollten am besten schnellstmöglich aus der Welt geschaffen werden.«

Herr M.: »Hm, hm … vielleicht sollten wir vorher noch mal genauer suchen?«

MB: »Sehr gerne.«

Herr M.: »Junge, du bist der Erste, der mich wirklich ernst nimmt.«

MB: »Wo haben Sie Ihre Geldbörse denn das letzte Mal gesehen?«

Herr M.: »Hier in der Schublade von meiner Diele. Doch hier ist sie nicht.«

MB: »Gut, darf ich einmal gründlicher nachschauen?«

Herr M.: »Sicher, mach schon, Junge.«

Nach wenigen Minuten intensiven Suchens sah ich eine Einkaufstasche, die an einem Haken der Garderobe hing. Sie war noch mit einigen Gegenständen gefüllt. Als ich Toilettenpapier und Taschentücher entfernt hatte, fiel eine lederne Geldbörse direkt vor die Füße von Herrn M. Noch im gleichen Moment schoss sämtlich verfügbares Blut in seinen Kopf und ließ diesen zu einem feuerroten Ballon werden.

MB: »Sehen Sie, da hat sich doch die erste Sache geklärt.«

Herr M.: »Oh, ja, danke dir. Das hätten deine Kollegen aber auch schon einmal machen können, wenn sie mich ernst genommen hätten. Aber denen fehlt ja immer die Zeit. Die rasen in einem Tempo durch meine Wohnung und hören nicht einmal zu. Das ärgert mich halt.«

MB: »Gut, nun ist die Sache erledigt. Darf ich den Zettel jetzt von Ihrer Haustür entfernen?«

Herr M.: »Ja, wird wohl besser sein.«

MB: »Und darf ich morgen wieder zu Ihnen kommen?«

Herr M.: »Du sehr gerne.«

So verließ ich nach mehr als einer halben Stunde die Wohnung von Herrn M. Bezahlt bekomme ich lediglich die acht Minuten, obwohl ich der Firma durch die persönliche Zu-

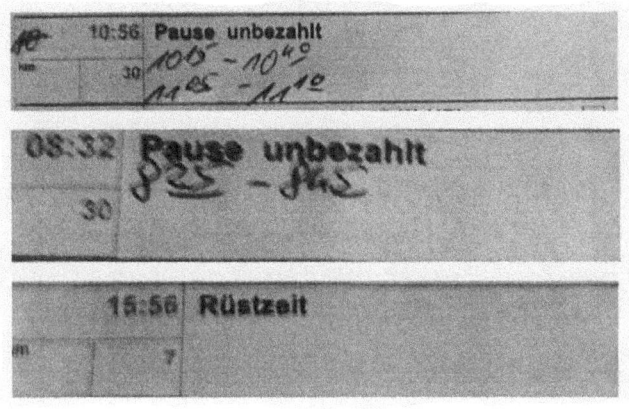

wendung einigen Ärger erspart habe. Kurz danach klingelte
mein Handy und meine Chefin bat mich, nach Dienstende doch
bitte noch im Büro vorbeizukommen. Durch den Zeitverlust
bei Herrn M. wurde es allerdings am heutigen Tag schon wieder
nach 16 Uhr und so kam ich sehr abgearbeitet und müde erst
recht spät in die Firma. Meine Chefin erwartete mich bereits
mit den Tätigkeitsberichten der letzten Woche in der Hand.

PDL: »Schön, dass du da bist. Wir müssen mal kurz über
deine Berichte sprechen.«

MB: »Wieso?«

PDL: »Ja, du warst an allen Tagen länger als sechs Stunden
unterwegs und dann sind wir gezwungen, eine Pause von
mindestens 30 Minuten einzulegen.«

MB: »Und wo soll ich die zeitlich unterbringen?«

PDL: »Spätestens nach sechs Stunden musst du hier eine
Pause eintragen, sonst bekommen wir bei der nächsten Kontrolle Ärger.«

MB: »Dann brauch' ich ja jeden Tag noch länger. Wer bezahlt mir das eigentlich?«

PDL: »Die Pausen können wir dir natürlich nicht bezahlen, doch es geht dabei ja um deine Gesundheit. Also trag hier bitte jeden Tag deine Pause ein.«

Mit Unverständnis und Wut im Bauch verlasse ich ihr Büro. Warum lassen sich die Pflegekräfte dies alles bieten? Wo sind die Verbände, Gewerkschaften und auch der sogenannte Pflegerat, um für deren Rechte zu kämpfen? Scheinbar nehmen es die Pflegekräfte seit Jahren einfach so hin, dass immer mehr unternehmerisches Risiko auf ihre Schultern geladen wird und dass sie als Gutmenschen ausgenutzt werden.

Mir läuft die Zeit davon!

Abends, nach meinen Frühdiensten, spürte ich so langsam die enorme körperliche Belastung der letzten Tage. Die gesamte Rückenpartie schmerzte und die Bandscheiben machten sich deutlich bemerkbar. Nach dem Aufstehen am Morgen brauchte ich immer erst einige Minuten, um wieder gerade gehen zu können. Die Schmerzen im Rücken wurden immer mehr zu einem Problem. Zudem war es mir noch nicht bei einem Kunden gelungen, den vorgegebenen Zeitrahmen einzuhalten. Mittlerweile begann ich, an meiner Leistungsfähigkeit zu zweifeln. Obwohl ich mir sicher war, im gleichen Tempo wie bei meinen Einsätzen in Altenheimen zu arbeiten, fehlten am Ende der Schicht im Durchschnitt knapp 90 Minuten. So plante ich zu Beginn der neuen Arbeitswoche, bei jedem einzelnen Kunden genau auf die Zeit zu achten und nahm mir aus diesem Grund eine ganz normale Eieruhr mit zum Dienst. Sobald ich die Wohnung des Kunden betrat, aktivierte ich die vorgegebene Zeit und war gespannt, wie weit der Zeitrahmen tatsächlich ausreichen würde, und ob ich meine eigenen Handgriffe nicht noch optimieren konnte. Wie mein Dienstplan es vorsah, begann ich den Dienst bei der 81-jährigen Frau B.

Die alte Dame wohnt in einem Wohnblock aus den 50er Jahren, der Platz für 12 Wohnungen auf vier Etagen bietet und weder einen Fahrstuhl noch ein behindertengerechtes Treppenhaus hat. Als ich ihre 2-Zimmer-Wohnung behutsam öffnete, war es immer noch sehr ruhig, und ich begann wie bisher jeden Morgen mit den Vorbereitungen im Badezimmer. Der winzige Raum umfasste nicht einmal vier Quadratmeter, und es war schon eine gewisse Kunst, die recht schwere Frau an dem Waschbecken vorbei auf die Kloschüssel zu setzen, um sie dort zu waschen. Zudem war sowohl die Tür im Bad als auch in ihrem Schlafzimmer zu schmal, um mit ihr im Rollstuhl durchfahren zu können.

Ich begann, die alte Dame zu wecken, die Zeit lief natürlich bereits. Zunächst der schwierige Transport von ihrem tiefer gelegenen Bett in den Rollstuhl. Wie einfach war das doch bei den Pflegebetten in den Altenheimen. Die konnte man bequem auf Knopfdruck auf die gewünschte Höhe bringen, um den Körper möglichst wenig zu belasten. Hier kam eine deutliche Mehrbelastung hinzu, sowohl für mich, die Pflegekraft, als auch für die alte Dame. So wunderten mich die deutlich sichtbaren Druckspuren an ihrer Hüfte nicht besonders.

Doch mit diesem Transport war die körperlich anstrengende Arbeit noch lange nicht erledigt. Allein auf dem Weg zum Bad waren noch die zwei Hürden der engen Türen zu überwinden. Also musste ich Frau B. jedes Mal wieder aus ihrem Rollstuhl hinauswuchten, mit einer Hand festhalten, mit der anderen gekonnt den Rollstuhl zusammenklappen, durch die Tür schieben, wieder aufklappen und zuletzt noch

Frau B. wieder sicher zum Sitzen bringen. Mein T-Shirt war bereits durchgeschwitzt, ehe wir das Badezimmer erreicht hatten. Jetzt war nur noch der Transport durch die enge Tür, dann zwischen Waschbecken und Wand, bis zur Toilette zu erledigen. In dem Moment, als ich die alte und schwere Dame tatsächlich punktgenau abgelassen hatte, klingelte die gestellte Uhr – die vorgegebenen zehn Minuten waren bereits verstrichen.

Meinem Plan zufolge müsste ich jetzt eigentlich ihre Wohnung verlassen und sie genau in diesem Zustand dort sitzen lassen. Nur so wäre es möglich, den von den Pflegekassen vorgegebenen Zeitplan einzuhalten. Jetzt lag es an mir zu entscheiden, was mit der Dame zunächst geschieht. War ich bereit, die Dame noch zu waschen, danach anzukleiden und wieder zurück in ihr Schlafzimmer zu bringen? Dafür müsste ich allerdings mindestens 20 Minuten meiner eigenen Freizeit opfern. Oder sollte ich konsequent den an der Praxis völlig vorbeigehenden Zeitvorgaben folgen? Wie einfach ist diese Arbeit doch in den Altenheimen zu bewältigen! Hier gibt es nicht nur entlastende Lifte für den Transport, nein, auch die baulichen Begebenheiten sind meist auf behinderte Menschen mit Rollstuhl abgestimmt. Und selbst hier gerät der Zeitrahmen schon häufig aus den Fugen. Da sollte es keinen wundern, dass dieser Zeitdruck in der häuslichen Pflege die Arbeitskräfte an den Rand ihrer Belastbarkeit bringt.

Natürlich ließ ich die nette Dame nicht auf der Toilette sitzen und verließ ihre Wohnung selbstverständlich erst, als sie wieder in Ruhe in ihrem Bett lag.

Einige Wohnblocks weiter lebte die 73-jährige Frau M., die schon unruhig auf mich wartete. Sie hatte sich am Morgen bereits wie üblich selbst gewaschen. Dabei war ihr allerdings ein Glas zu Boden gefallen, und beim Versuch, die Scherben aufzusammeln, hatte sich die Dame verletzt. In ihrer Wohnung waren allerdings weder ein Pflaster noch irgendwelches Verbandmaterial zu finden, und auch von meinem Arbeitgeber war ich nicht mit einem einfachen Erste-Hilfe-Paket ausgestattet worden. So musste ich schnell noch in die Apotheke, um ihre Schnittwunden versorgen zu können. Die vorgegebenen acht Minuten waren damit natürlich längst nicht mehr zu halten. Doch was sollte ich tun? Sicherlich hätte ich auch einen Krankenwagen rufen können, doch wäre das bei einer kleinen Schnittwunde nicht unverhältnismäßig gewesen? Zudem hätte ich ja auch auf dessen Ankunft warten müssen und mein Zeitplan wäre sowieso dahin gewesen.

So verlor ich schon bei den ersten beiden Damen eine knappe halbe Stunde und auf meinem Zettel waren für heute noch weitere 15 Kunden zu versorgen. In einem Heim wäre für die Versorgung einer Schnittwunde kaum Zeit verlorengegangen. Dort gibt es auf jeder einzelnen Station in den Dienstzimmern eine vollausgestattete Erste-Hilfe-Ausrüstung und zudem ist auch immer eine ausgebildete Kraft vor Ort. Dadurch lässt sich der zeitlich vorgegebene Rahmen einfacher einhalten. Bei der ambulanten Betreuung verlässt man sich auf das Gewissen und Verantwortungsgefühl der Pflegekraft vor Ort und nutzt dieses auch schamlos aus. Wer lässt schon eine hilfsbedürftige, alte Dame halbnackt auf dem Toilettenstuhl sitzen, wenn man weiß, dass in den nächsten sechs Stunden sicherlich kein Mensch mehr ihre Wohnung betreten wird?

Nachdem ich auch die nächsten acht Kunden abgearbeitet hatte, war meine 6-Stunden-Schicht eigentlich schon vorüber. Nach einer kurzen »Zwangspause« von 30 Minuten standen allerdings noch sieben Kunden auf meiner Liste. Diese hilfsbedürftigen Menschen wurden jetzt, wie in vielen anderen Fällen, tatsächlich in meiner Freizeit gepflegt.

Am schlimmsten ist die Einsamkeit

Durchgeschwitzt und abgehetzt kam ich gegen 16:30 Uhr beim heute letzten Kunden meiner langen Liste an. Der 75-jährige Herr L. lebt in einer schönen, loftartigen Wohnung in der Nähe des Hauptbahnhofs. Schon der Eingangsbereich gleicht einer Galerie, versehen mit Bildern verschiedener Rocklegenden, teilweise in einer recht privaten Umgebung abgelichtet. Im anschließenden Wohn- und Essbereich befindet sich in großen Glasvitrinen eine Vielzahl von Gitarren, die auf ein großes Musikinteresse von Herrn L. hinweisen. Der etwas untersetzte, kräftige Herr L. saß derweil auf einer herrlichen Sonnenterrasse in seinem elektrischen Rollstuhl und empfing mich recht gelassen.

Herr L.: »Hallo, du siehst ja wieder richtig fertig aus. War wohl wieder ein harter Arbeitstag?«

MB: »Nicht viel schlimmer als die letzten Wochen auch. Bin mal wieder spät dran und würde Sie dann gerne auch gleich duschen, wenn Sie mögen.«

Herr L.: »Jetzt komm erst einmal ein bisschen runter und mach dir in der Küche einen Cappuccino. Dann sehen wir weiter!«

MB: »Oh ja, vielen Dank!«

Während ich in der offenen Küche mit meinem Kaffee beschäftigt war, ließ mich der nette Herr nicht aus den Augen. Es schien mir, als wäre er sehr froh darüber, dass überhaupt ein menschliches Wesen anwesend war, und dies genoss er in vollen Zügen. Als hätte ich beim Eintreten einen Schalter gedrückt, ließ er seinem Mundwerk freien Lauf.

Herr L.: »Hast du denn noch genug Energie fürs Duschen?«

MB: »Ja, das geht schon noch.«

Herr L.: »Eigentlich können wir das auch auf morgen verschieben und genießen einfach die Sonne.«

MB: »Aber das haben wir doch jetzt schon in den letzten zwei Tagen getan und ich denke, dass ich auch in den nächsten Tagen nicht viel früher und frischer bei Ihnen sein kann.«

Herr L.: »Dann drücke ich das Duschen deiner Kollegin vom Spätdienst aufs Auge. Die spricht sowieso nie ein Wort mit mir. Soll die das doch übernehmen und du bleibst einfach noch ein bisschen hier sitzen.«

MB: »Na, das ist doch mal eine gute Idee. Möchten Sie noch etwas zu trinken?«

Herr L.: »Da sind noch zwei kühle Blonde im Kühlschrank, bring die doch mal bitte mit. Hast doch gleich Feierabend, da können wir uns einen genehmigen.«

MB: »Ich muss noch Auto fahren, da trink' ich keinen Alkohol.«

Herr L.: »Bleib mal locker. Das eine Bierchen wird dich schon nicht gleich umhauen.«

MB: »Und außerdem bin ich genau genommen noch im Dienst.«

Herr L.: »Na, jetzt hast du Feierabend, dann mach dir wenigstens 'nen Radler.«

So setzte ich mich in den bequemen Rattansessel auf der Sonnenterrasse und gönnte mir bei schönem Sonnenschein den kühlen Radler. Dabei merkte ich in diesem ruhigen Moment erst so richtig, wie sehr mein ganzer Körper nach einer Pause lechzte.

In den folgenden Tagen sah mein Einsatzplan nahezu identisch aus, so dass ich zu Herrn L. immer erst am Ende meiner Schicht kam. Der recht wohlhabende, aber sehr einsame Mensch war bis zu seinem Schlaganfall einer der gefragtesten Gitarristen der Musikbranche gewesen. Schon in jungen Jahren war er mit Musikgrößen wie Joe Cocker oder auch David Bowie durch die ganze Welt getourt, hatte in Rio, New York oder Seoul vor tausenden begeisterten Fans gespielt. Doch heute kennt ihn niemand mehr. Jetzt sitzt er einsam und verlassen in seiner schönen Loft-Wohnung in der Innenstadt von Stuttgart und außer ein paar Pflegekräften kommt niemand bei ihm vorbei. Wie ein Vogel im goldenen Käfig, so kommt mir Herr L. vor.

Da er ohne fremde Hilfe seine Wohnung nicht verlassen kann, sind die wenigen Transporte zu seinem Hausarzt die momentanen Höhepunkte in seinem Leben. Außer einer Nichte, die allerdings in Australien lebt, hat er keine Verwandten mehr. Durch seine zwar sehr interessanten, aber auch stressigen Engagements in der ganzen Welt hatte er nie das große Glück, eine Lebenspartnerin zu treffen, die bereit war, dieses Leben mit ihm zu teilen. Bis zum heutigen Tag wundert er sich, wie schnell seine Karriere dann doch beendet war. Zwar rief ihn sein Manager nach dem Schlaganfall noch mehrmals an, doch als klar war, dass die Lähmungen an der rechten Hand keine Auftritte mehr zuließen, schlief der jahrelange Kontakt schnell ein. Bei jedem Besuch merkte ich, wie sehr Herr L., der sein ganzes Leben für die Unterhaltung der Menschen gelebt hatte, genau diese so intensiv vermisste.

War Frau K. nur eine Anschrift?

Der erste Monat in Stuttgart ging langsam dem Ende zu. Wie gewohnt, war ich auf meiner morgendlichen Tour unterwegs. Als Nächste stand die 79-jährige Frau K. auf meinem Arbeitsplan. Die sehr bescheidene und zurückhaltende Dame lebt in einer sehr kleinen Wohnung am nördlichen Rand der Innenstadt. Bei meinen bisherigen Arbeitseinsätzen war ich bei der gehbehinderten Dame immer relativ schnell fertig. Die vorgegebenen zehn Minuten für die »kleine« Wäsche konnte ich unter ihrer Mithilfe somit immer einhalten. Doch am heutigen Tag sollte alles anders sein!

Schon als ich ihre Wohnungstür öffnete, hatte ich ein sehr komisches Gefühl. Obwohl die heißen Sonnentage den Wohnblock recht gut aufgeheizt hatten, war es bei Frau K. an diesem Tag ungewöhnlich kühl. Dabei roch es auch ganz anders und mir war sofort klar, dass mit Frau K. irgendetwas nicht stimmen konnte. Wie gewohnt ging ich zuerst in ihre Küche, um die Rollläden zu öffnen. Und als das helle Sonnenlicht den Blick in die Wohnung freigab, sah ich die alte Dame regungslos zwischen Bett und Tisch auf dem Boden liegen. Mein Herz begann zu rasen. Adrenalin durchschoss meinen ganzen Körper, als ich mich ihr näherte. Zunächst griff ich nach ihrem recht kühlen Arm, um den Puls zu ertasten. Doch da war nichts zu spüren. Im ganzen Raum roch es bereits leicht verwest und trotz der hohen sommerlichen Temperaturen hatte ich das Gefühl, mich in einem Kühlhaus zu befinden.

Nachdem Frau K. kein einziges Lebenszeichen mehr von sich gab, war ich mir sehr sicher, dass die Dame verstorben war. Also rief ich die mir bekannte Notrufnummer 112 an und informierte meine Chefin im Büro. Es dauerte weitere 13 Minuten, bis ein Rettungswagen der Feuerwehr vor Ort war und die Sanitäter den Tod von Frau K. festgestellt hatten. Daraufhin wurde auch noch die Polizei informiert und die alte Dame in einem Zinksarg abtransportiert. Nun musste ich, die Pflegekraft als letzter Zeuge, einige, teils unangenehme, Fragen beantworten. So konnte ich die Wohnung erst nach über einer Stunde wieder verlassen und war psychisch ziemlich am Boden. Nur – auf meiner Liste standen da noch genau acht Kunden, die jetzt schon wie auf heißen Kohlen saßen. Und obwohl ich mit Sicherheit ein persönliches Gespräch mit einer psychologischen Fachkraft benötigt hätte, fuhr ich nach einer kurzen Zigarettenpause weiter zur nächsten Kundin.

Noch am gleichen Tag beorderte mich meine Chefin nach Dienstschluss in ihr Büro. Scheinbar hatte ich beim Abschied von Frau K. einen Fehler gemacht. Und der war wohl so erheblich, dass mein Erscheinen hier notwendig war. Dass meine Chefin darüber nicht gerade begeistert war, konnte man ihrem Gesichtsausdruck deutlich entnehmen. Doch was hatte ich tatsächlich falsch gemacht?

PDL: »Was ist denn bei Frau K. passiert?«

MB: »Ich kam in ihre Wohnung und fand sie leblos zwischen Bett und Tisch liegen. Dann habe ich über die 112 um Hilfe gebeten.«

PDL: »Siehst du, und das war vollkommen doof von dir. Es muss doch jeder wissen, dass dann auch die Polizei eingeschaltet wird.«

MB: »Entschuldigung, war schließlich meine erste Leiche.«

PDL: »Da gibt es nichts zu entschuldigen. Du bist verpflichtet, bei einem Sterbefall zuerst hier im Büro anzurufen.«

MB: »Gut, aber ich war mir ja noch gar nicht sicher, dass die Dame tatsächlich tot ist.«

PDL: »Dann erst recht, jetzt müssen wir wieder unendliche Berichte an Feuerwehr und Polizei schreiben, bis die Sache vom Tisch ist. Nicht gerade toll.«

MB: »Das war mir nicht bewusst.«

PDL: »Ist ja jetzt auch nicht mehr zu ändern. Da Frau K. jetzt nicht mehr auf diesem Plan steht, machst du ab morgen dafür noch Herrn P.!«

Mit hängendem Kopf und sehr enttäuscht über das Verhalten meiner Chefin verließ ich an diesem Tag das Büro. Dabei ärgerte mich nicht mein angeblich unentschuldbarer Fehler, den Notruf getätigt zu haben. Nein, es war die Selbstverständlichkeit, wie man über den Tod von Frau K. hinwegging. Hier zeigte sich, wie wirtschaftlich unsere Pflegeunternehmen tatsächlich schon denken und arbeiten und dass Frau K. wirklich nur ein Posten auf einer Liste war. Für die Trauer um den Kunden oder gar für die Trauerbewältigung der Pflegenden bleibt da keine Zeit mehr. Der Kunde bringt durch sein Ableben kein Geld mehr in die Kasse, ab diesem Zeitpunkt ist er uninteressant, ohne Wert.

Noch am gleichen Tag wurde Frau K. aus meinem Einsatzplan entfernt und durch einen neuen Namen ersetzt. So blieb die alte Dame auch nach mehr als 20 Einsätzen für mich erschreckend anonym und geriet sehr schnell in Vergessenheit. Wie es dabei mir, der Pflegekraft, in solchen Momenten geht und wie ich diese Erfahrungen verkrafte, schien hier keinen zu interessieren. Dabei geht es auch anders!

Während meiner Recherche im Jahr 2002 in Altenheimen wurde mir mehrfach die Geschichte über einen Mann erzählt, der sich anstelle einer Versorgung in einer Seniorenresidenz einen Platz auf einem Luxuskreuzfahrtschiff gebucht hatte. Zu seinem Erstaunen war die Vollversorgung auf dem Luxusschiff preiswerter als eine Unterkunft in einem Altersheim. Um dem nachzugehen, nahm ich Kontakt zu mehreren Reedereien auf und erfuhr dabei Erstaunliches. Auf jedem Kreuzfahrtschiff gehört zumindest ein Psychologe zum festen Bestandteil der Crew. Dessen Hauptaufgabe ist es nicht, in erster Linie die Passagiere zu betreuen, sondern er steht dem Personal zur Verfügung. Besonders die Animateure, die täglich im Kontakt zum Kunden stehen, werden psychologisch betreut, um ein Burn-out-Syndrom zu vermeiden. Sie sollen möglichst jeden Tag freundlich und ausgeglichen dem Kunden gegenübertreten, und dies ist nur durch eine permanente fachmännische Beratung möglich. In der Altenpflege überlässt man in den meisten Fällen eine Pflegekraft allein ihrem Schicksal. Dabei ist eine fachmännische, psychologische Beratung in diesem Bereich mehr als notwendig – davon bin ich überzeugt. Nur so kann man verhindern, dass Pflegekräfte nach drei bis fünf Jahren, physisch wie auch psychisch völlig ausgebrannt, ihren Beruf an den Nagel hängen.

Alles auf Kosten der Angestellten

Nach diesem ereignisreichen Tag kam ich erst gegen 17 Uhr in meine Wohnung. Nach einem kurzen Abendessen schlief ich, wie fast jeden Tag, beim Fernsehen auf dem Sofa ein, bis mich der Wecker am nächsten Morgen wieder weckte. Schnell noch eine Katzenwäsche – und schon saß ich wieder in meinem Auto auf dem Weg ins Büro.

Wie schon in den vergangenen vier Wochen wurde bei der morgendlichen Arbeitsaufteilung kaum ein Wort zwischen den Kollegen gewechselt. Selbst für den üblichen Kaffee blieb scheinbar keine Zeit. Dabei ist der Austausch zwischen den Pflegekräften, sowohl für die zu pflegende Person als auch für den Pfleger selbst, eminent wichtig. Informationen über die Tagesform des Kunden, besondere Vorkommnisse oder persönliche Eigenschaften gehen hierdurch unwiederbringlich verloren.

Auch für uns Pflegekräfte ist dieser persönliche Austausch von großer Bedeutung, denn nur so können die enormen psychischen Belastungen überhaupt auf Dauer ertragen werden. Ein so genanntes Dienstübergabegespräch, wie in der stationären Pflege üblich, scheitert schon daran, dass sich die Pflegekräfte des Früh- und Spätdienstes meist nicht zu Gesicht bekommen. Wenn ich meinen Frühdienst in der Regel gegen 16:30 Uhr beende, ist der Spätdienst bereits zwei Stunden im Einsatz. Durch diese fehlende interne Kommunikation gehen viele wichtige Informationen verloren und erschweren dadurch den täglichen Ablauf. Ich bin aus diesen Gründen überzeugt, dass sich eine Investition in einen Aufenthaltsraum mit Kaffeemaschine für jeden Pflegeunternehmer rechnet. Dabei müsste natürlich auch die Bereitschaft vorhanden sein, diese 10 bis 15 Minuten Erfahrungsaustausch als Arbeitszeit zu entlohnen.

Hier war es allerdings nicht so, also auch nicht verwunderlich, dass dieser Austausch nicht stattfand. Jede Pflegekraft möchte unter diesen Arbeitsbedingungen schnellstmöglich am Kunden sein, denn nur diese Zeit wird ja tatsächlich entlohnt. Wenn man sich dazu noch die Einsatzpläne mit 15 bis 18 verschiedenen Kunden pro Pflegekraft anschaut, kann man sich ein Gespräch mit den Kollegen wohl kaum leisten.

So zogen auch an diesem Morgen wieder einmal sechs Pflegehilfskräfte, ganz auf sich alleine gestellt los, um die 95 Kunden der Pflegefirma nach besten Kräften in den ihnen vorgegebenen Pflege- und Fahrzeiten von je 10 bis 15 Minuten zu versorgen. Welch ein Hohn, denn entlohnt werden davon lediglich die angegebene Pflegezeit und eine so genannte Rüstzeit von sieben Minuten, das restliche zeitliche Risiko trägt die Pflegekraft ganz alleine auf ihren Schultern.

Das heißt, rote Ampeln, Staus, Parkplatzsuche und jede Ausnahmesituation beim Kunden werden weder von den Pflegekassen noch von den Arbeitgebern entlohnt. Bei meinem Stuttgarter Arbeitgeber AMU ist man dabei sogar noch einen Schritt weiter gegangen. Selbst die Investition von Firmenwagen wurde auf die Angestellten abgewälzt. Nach weiteren Recherchen fand ich heraus, dass AMU dabei kein Einzelfall in der Branche ist. Nahezu in allen Städten fand ich Stellenangebote für die ambulante Pflege, bei denen ein eigener PKW vorhanden sein musste. Die gewährten 20 Cent pro gefahrenen Kilometer sind dabei in meinen Augen nicht einmal kostendeckend. Denkt man an Versicherung, Steuer, Reparaturen, den Verbrauch, die Abnutzung und den dadurch entstehenden Wertverlust, werden mindestens 30 Cent benötigt – so viel beträgt jedenfalls die steuerlich absetzbare Kilometerpauschale bei Pendlern. Dabei sollte man die tägliche Gefahr eines Verkehrsunfalls mit den damit verbundenen Schäden nicht außer Acht lassen. Das Risiko, durch steigende Versicherungsbeiträge oder im schlimmsten Fall, selbst erheblichen Schaden davonzutragen, liegt allein auf den Schultern der Pflegkraft.

… und wieder in der Pflegemühle

Nach mehr als 20 Minuten »Stop and go«-Verkehr in der Stuttgarter Innenstadt hatte ich mich wieder zur ersten Kundin durchgekämpft. Jetzt schnell das übliche Programm bei Frau T. durchziehen; dabei versuchte ich wie jeden Morgen die alte Dame so sanft wie möglich zu wecken. Bei den mir zur Verfügung stehenden 15 Minuten ging das allerdings nur mit sehr intensiven Kommandos, und ich konnte auf den Morgenmuffel keinerlei Rücksicht nehmen. Bevor sie ihre Augen das erste Mal richtig geöffnet hatte, saß sie bereits halbnackt vor ihrem Waschbecken. Derweil entschied ich, welches Kleid die alte Dame heute trägt, und bevor sie sich darüber beschweren konnte, war ich schon wieder unterwegs zur nächsten Kundin.

Bei der 81-jährigen Frau L. stand heute Haare waschen auf meinem Plan. Zunächst erlöste ich die alte Dame von ihrer Höschenwindel, die sich wie gewohnt richtig vollgesogen hatte. Wie alle anderen Inkontinenten trug auch sie das Windelmodell mit maximaler Aufnahme- und Saugleistung. Nur diese Versorgung macht es überhaupt möglich, dass die alte Dame bei lediglich zwei Einsätzen von 10 Minuten pro Tag noch in ihrer Wohnung verbleiben kann. Kurz nachdem ich ihre lange, graue Mähne gründlich gewaschen hatte, war ich auch schon wieder verschwunden.

Jetzt war der ungeduldige 78-jährige Herr T. an der Reihe, der wie jeden Morgen im Schlafanzug in seinem Flur auf und ab ging. Auch bei ihm ein schnelles Waschprogramm und nachdem ich ihm seinen Trainingsanzug übergezogen hatte, war er auch schon wieder in seinem Flur unterwegs. Den beiden alten Teppichen war genau anzusehen, dass dies die einzige Beschäftigung des Rentners war. Das stetige Hin- und Herlaufen hatte bereits dafür gesorgt, dass sich die Teppiche langsam in ihre Bestandteile auflösten. Doch darüber konnte ich mir keine weiteren Gedanken machen, denn ich war bereits unterwegs zur nächsten Kundin.

Frau S. saß wie gewohnt am offenen Fenster ihrer Küche. Sie wohnt in der ersten Etage und so nutzte sie ihr einziges Fenster zur Straße, um der Einsamkeit zu entfliehen. Dabei ließ die energische alte Dame kaum einem Passanten die Möglichkeit, einem kurzen Gespräch zu entgehen. Ein Sofakissen mit selbst gestricktem Bezug half ihren Ellbogen, den langen Tag am Küchenfenster zu überstehen. Auch sie wurde in einem weltmeisterschaftlichen Tempo geduscht und nach 15 Minuten saß sie wieder an ihrem Lieblingsplatz.

So langsam ging es auf die Pause zu, auf die ich mich am heutigen Tag besonders freute. Um den behinderten Musiker aus seiner Einsamkeit etwas hinauszuführen, hatte ich mir etwas ausgedacht und einen Zettel am Schwarzen Brett der Universität angebracht. Hier bot ich einem Studenten oder einer Studentin die Möglichkeit, sich einmal in der Woche durch Spazierengehen oder Vorlesen etwas Geld zu verdienen. Und es hatte sich tatsächlich ein junger Mann gemeldet, der durch seinen Zivildienst schon einige Erfahrung in der Pflege vorweisen konnte. Nachdem ich mich zunächst persönlich von dem Bewerber überzeugt hatte, wollte ich noch am gleichen Abend den Musiker überraschen. Doch davor hatte ich noch ein volles Programm, denn einige Kunden warteten derzeit auf mich. So kam ich wie gewohnt erst gegen 16:00 Uhr, gemeinsam mit dem studentischen Bewerber, bei dem mir ans Herz gewachsenen Künstler auf.

Herr L.: »Oh, heute mit Unterstützung.«

MB: »Ja, aber nur exklusiv für Sie.«

Herr L.: »Wie darf ich das verstehen?«

MB: »Ich dachte, Ihnen jemanden zu besorgen, der Zeit hat, mit Ihnen auch mal die Wohnung zu verlassen. Und so habe ich den Martin einfach mal mitgebracht.«

Während ich dem Musiker die Anwesenheit von Martin erklärte, liefen ganz langsam und unscheinbar einige Tränen seine Wangen herunter. Der Künstler war sichtbar gerührt, dass ein anderer Mensch seine stetige Einsamkeit wahrgenommen und etwas dagegen unternommen hatte. Schnell war geklärt, dass er Martin als Aushilfe zu 10 Euro in der Stunde einstellt. Mindestens einmal pro Woche sollte der junge Student dafür sorgen, dass er seine Wohnung verlassen kann und vor allem auch Unterhaltung hat. Dabei wurde mir erst auf dem Heimweg klar, dass der junge Mann für Spazierengehen oder Vorlesen mehr Geld bekam als ich, doch trotz alledem – an diesem Abend kam kein Neid auf.

Diese Arbeit kann ich mir nicht leisten

Zwei Tage später erhielt ich meine erste Lohnabrechnung. Als ich den Umschlag öffnete und die Zahlen sah, war die ausgezahlte Summe noch niedriger, als ich befürchtet hatte. Nach Abzug der Sozialversicherungsbeiträge blieben mir exakt 619,24 Euro, dabei gingen alleine für die monatliche Miete 460 Euro drauf. Wie sollte man davon leben können? Die Lage war also mehr als ernst, und aus diesem Grund hatte ich nach dem heutigen Frühdienst um ein Gespräch mit der Geschäftsführerin gebeten. Durchgeschwitzt und abgekämpft erreichte ich das Büro wie üblich gegen 16:30 Uhr, wo mich die Firmeninhaberin bereits erwartete.

PDL: »Was liegt dir denn so sehr auf dem Herzen?«

MB: »Ich habe meine Abrechnung bekommen und weiß nicht, wie ich mit knapp 620 Euro den Monat überstehen soll. Eigentlich hoffte ich wenigstens einen Teil der vielen Überstunden ausgezahlt zu bekommen.«

PDL: »Überstunden gibt es bei uns im ambulanten Bereich nicht. Wir bekommen lediglich die Einsatzzeit entlohnt und nur das kann ich auch an meine Mitarbeiter weiterreichen. Das darüber Hinausgehende müsste ich alles aus meinem Privatvermögen bezahlen – und das ist in unserer Branche nicht drin. Selbst wenn ich es wollte, verdienen wir nicht so viel, um Überstunden zu bezahlen.«

MB: »Aber geleistet werden sie jeden Tag. Wovon soll ich denn überleben?«

PDL: »Tja, entweder brauchst du noch eine zweite Arbeitsstelle oder du beantragst staatliche Unterstützung. Ich kann dir leider nicht mehr zahlen, sonst bin ich selbst bald pleite.«

MB: »Gut, machen wir es kurz! Dann kann ich mir das Arbeiten auch nicht leisten und kündige hiermit meinen Arbeitsvertrag. Den morgigen Tag schenke ich der Firma noch, damit du für Ersatz sorgen kannst!«

So ließ ich eine überraschte Chefin in ihrem Büro zurück. Doch was blieb mir anderes übrig? Mit dem Lohn war ein Leben in Stuttgart undenkbar und zudem war ich auch nicht bereit, weiterhin über 40 Stunden im Monat unentgeltlich zu arbeiten. Doch sollten diese Bedingungen wirklich überall so sein? Ich wollte es unbedingt wissen und zog in einen Stadtteil von Hannover.

Als Leiharbeiter in der Pflege

Ein großes Problem war wieder, eine bezahlbare Wohnung zu finden. Zu meiner großen Überraschung war die Wohnungssuche in der niedersächsischen Landeshauptstadt dann doch einfacher als befürchtet. Schon nach wenigen Wohnungsbesichtigungen hatte ich eine kleine Einzimmerwohnung angemietet, knapp vierzig Quadratmeter, 380 Euro Warmmiete.

Am folgenden Morgen ging ich wie üblich zur Bundesanstalt für Arbeit, um im Jobcenter die aktuellen Stellenangebote auszudrucken. Von den 15 angebotenen Arbeitsstellen waren alleine 13 von so genannten Leiharbeitsfirmen ausgeschrieben; lediglich zwei Pflegeunternehmen akquirierten auf eigene Faust ihr Personal. Da ich in Stuttgart die Konditionen dieser privaten Unternehmen gut kennengelernt hatte, entschied ich mich, doch einmal das große Angebot der Leiharbeitsfirmen zu testen und mit den anderen zu vergleichen.

Noch am gleichen Tag sprach ich bei verschiedenen Anbietern vor. Bei allen ergab sich ein nahezu identisches Procedere. Auf einem Datenerhebungsbogen wurden meine persönlichen Angaben notiert und in den Mitarbeiterpool aufgenommen. Sobald eine Stellenanfrage mit meinem Profil übereinstimmte, könnte es auch schon losgehen, so versprach man mir. Einen genauen Zeitpunkt wollte mir allerdings keines dieser Unternehmen nennen. Das Risiko, erst in zwei oder drei Wochen einen Job zu bekommen, war mir dann doch etwas zu groß.

Also studierte ich wieder einmal in den bekannten Tages-zeitungen die neuesten Stellenangebote. Da klingelte mein Telefon. Das Leiharbeitsunternehmen WiWa* bat mich zu einem persönlichen Vorstellungsgespräch in sein Büro in der Innenstadt. Der Sachbearbeiterin zufolge waren gleichzeitig mehrere Kunden an meiner Person interessiert. Mein Vorteil: männlich und jung. Den Pflegeunternehmen ist der körper-lich anstrengende Arbeitsalltag sehr bewusst, und so stellt man sehr gerne männliche Pflegekräfte ein.

Die Sachbearbeiterin kam bereits bei der Suche nach mei-nen Bewerbungsunterlagen ins Schwitzen. Als sie endlich alles sortiert hatte, wandte sie sich mir zu:

SB: »So, da habe ich ja die Unterlagen. Also, ich kann Ihnen zwei Stellen anbieten. Eine wäre in einem Altenheim einer kirchlichen Einrichtung, die zweite von einem privaten am-bulanten Dienst.«

MB: »Ich würde am liebsten im ambulanten Bereich arbei-ten.«

SB: »Gut, dann schauen wir mal. Es handelt sich um eine 30-Stunden-Stelle, und zwar nur für den Frühdienst. Sie kön-nen, wenn Sie möchten, direkt morgen anfangen.«

MB: »Wieder nur dreißig Stunden! Was bekomme ich denn als Stundenlohn?«

SB: »Wir zahlen natürlich nach unserem Tarif, und das sind laut iGZ[1] für eine Hilfsarbeit genau 7,60 Euro pro Stunde.«

MB: »Entschuldigung, gibt es nicht seit diesem Jahr den Mindestlohn in der Pflege?«

SB: »Ja sicher, aber wir sind ein Zeitarbeitsunternehmen, und für uns gilt nun mal der iGZ -Tarif.«

---

[1] iGZ: Interessenverband deutscher Zeitarbeitsunternehmen e.V.

MB: »Bedeutet das, ich bekomme statt 8,50 Euro pro Stunde lediglich 7,60 Euro pro Stunde?«

SB: »Ganz genau. Wir sind nicht an den Mindestlohn gebunden.«

MB: »Muss ich wohl akzeptieren. Wie sieht es denn mit Sonn- und Feiertagszuschlag aus?«

SB: »Da das Arbeiten in der Pflege an diesen Tagen nicht nur üblich, sondern notwendig ist, schließt unser Tarif eine zusätzliche Bezahlung an diesen Tagen aus. Nur wenn die Sonn- und Feiertagsarbeit ein Ausnahmefall wäre, würden Sie auch die Zuschläge bekommen.«

MB: »Aha, sehr interessant. Also, wenn ich einmal außerplanmäßig sonntags arbeiten müsste, würde ich die Zuschläge sofort bekommen. Bin ich allerdings ohnehin jeden Sonntag eingeteilt, dann gibt es nichts, oder?

SB: »Ja, das haben Sie richtig verstanden.«

MB: »Gut! Wird mir ein Firmenfahrzeug gestellt?«

SB: »In der Regel schon. Sollten Sie jedoch Ihr eigenes Auto benutzen, bekommen Sie selbstverständlich eine Kilometerpauschale. Bei diesem Stellenangebot wird Ihnen ein Auto gestellt.«

MB: »Und die Pflegefirma bleibt immer die gleiche?«

SB: »Nein, das kann sich täglich ändern. Je nachdem, welche Anfragen auf meinem Schreibtisch landen. Wenn Sie sich vorstellen können, bei uns zu anzufangen, lasse ich den Arbeitsantrag vorbereiten und melde Sie für den morgigen Frühdienst beim Kunden an.«

MB: »Eine 40-Stunden-Woche wäre mir eigentlich viel lieber. Ist das nicht möglich?«

SB: »Nein, diese Zeiten sind in der Pflege schon seit Jahren vorbei. Es gibt nur noch 30-Stunden-Verträge, und das ist bei der harten Arbeit auch nicht unbedingt von Nachteil.«

MB: »Sicher, aber von irgendwas muss ich ja auch meine Kosten bezahlen, und das wird nicht so ganz einfach.«

SB: »Sollten Sie ein Problem haben, finden wir bestimmt eine Lösung.«

In wenigen Minuten hatte ich den angebotenen Arbeitsvertrag unterzeichnet und war natürlich auf die Ereignisse der nächsten Woche sehr gespannt.

Eines konnte ich jetzt schon sicher feststellen: Die Bemühungen der Gewerkschaften um einen Mindestlohn in der Pflege waren längst mehrfach von den Arbeitgeberverbänden umgangen worden. Zunächst wurden neben den Aushilfskräften und Praktikanten auch noch die Demenzbetreuer aus der gesetzlichen Regelung ausgegrenzt. Und jetzt gilt die Mindestlohnregelung auch bei Leiharbeitern nicht. Hier zeigt sich deutlich, wie unabdingbar ein branchenunabhängiger Mindestlohn tatsächlich ist, sonst verkommen alle einzelnen Regelwerke zu einer Phrase. Allein die Leiharbeit hebelt in vielen Branchen die gesetzliche Regelung ganz legal aus.

Ich war gespannt, ob es mir bei meinen Recherchen gelingen würde, wenigstens eine Pflegekraft zu treffen, die tatsächlich einen Stundenlohn von 8,50 Euro erhält.

Einzelkämpfer unter sich

Am nächsten Morgen stand ich wie vereinbart pünktlich 5:30 Uhr vor dem Büro des kleinen Pflegeunternehmens. Der sichtlich gestressten Pflegedienstleiterin (PDL) fehlte noch etwas der Überblick, und so begann sie sich zunächst einmal zu orientieren, wer von den Anwesenden überhaupt zu ihrem Betrieb gehört. Neben mir standen noch eine Leiharbeitskollegin, zwei selbständige Pflegekräfte und eine Aushilfskraft. Interessant war für mich die neue Information, dass es auf dem Pflegemarkt tatsächlich selbstständige Pflegekräfte gibt.

Darüber wollte ich mehr erfahren, doch jetzt war nicht der richtige Zeitpunkt für ein persönliches Gespräch.

Endlich hatte unsere PDL den Überblick und drückte jedem von uns eine der üblichen Arbeitslisten in die Hand. Die Kolleginnen verschwanden recht schnell in den bereitgestellten Kleinwagen, doch ich wusste an meinem ersten Tag natürlich zunächst nicht, wie ich mit der Arbeit beginnen sollte.

So nahm ich mir zuerst die Liste vor, auf der zu meiner Verwunderung genau 18 verschiedene Namen mit den dazugehörigen Adressen aufgeführt waren. Bei nahezu allen der zu pflegenden Menschen sollte ich die so genannte Grundpflege durchführen. Genauer betrachtet blieben mir vorgegebene Zeitrahmen von 8 bis 15 Minuten zum Waschen, Anziehen und zur korrekten Dokumentation dieser Tätigkeiten. Dabei war mir schon beim ersten Blick auf die Liste bewusst, dass dies niemals in den sechs Arbeitsstunden zu bewältigen war.

In diesem Moment stolzierte die PDL auf mich zu.

PDL: »Das erste Mal in der ambulanten Pflege?«

MB: »Nein, ich durfte schon meine ersten Erfahrungen sammeln.«

PDL: »Schön, dann kann ich mir den Wust der Erklärungen ja ersparen. Hier sind die Hausschlüssel unserer Kunden – und jetzt viel Spaß und bis 14 Uhr.«

MB: »Ich dachte, dass Sie zumindest am ersten Tag mitfahren und mich den Menschen kurz vorstellen.«

PDL: »Nein, warum?«

MB: »Vielleicht, weil ich ein neuer Mitarbeiter bin und die alten Menschen mich noch nicht kennen.«

PDL: »Sie brauchen sich keine Gedanken zu machen, die sind das so gewöhnt.«

Das war eine eindeutige Ansage und wenig später saß ich, mit einem Navigationsgerät bewaffnet, im Kleinwagen der Firma. Auf der Fahrt durch den dichten Morgenverkehr zur ersten Kundin ging mir dieses Gespräch nicht aus dem Kopf. Ich war erschüttert, dass es auch hier, wie ich es in Stuttgart kennengelernt hatte, üblich und normal war, im ambulanten Pflegealltag keinerlei Einarbeitung zu erfahren. Eigentlich unverantwortlich von der PDL, sich allein auf meine wenigen Vorkenntnisse zu verlassen. Dass ich mich am ersten Tag meiner Arbeit auch den zu pflegenden Menschen selbst vorzustellen habe, verbietet eigentlich jeder Anstand und Respekt. Im harten Pflegealltag scheint dieses Verhalten allerdings mehr als üblich zu sein. Auch das hatte ich bereits in Stuttgart erlebt.

Genau zwölf Minuten später stand ich dann vor der ersten Haustür. Die Informationen über die 71-jährige Frau K. waren allerdings mehr als dürftig. Auf meinem Zettel standen lediglich ihr Name mit Adresse und die durchzuführenden Tätigkeiten. Informationen über ihren Krankheitszustand, ihre eventuellen Behinderungen, ansteckende Krankheiten oder über ihre persönlichen Ressourcen fehlten völlig. Zudem war mir auch nicht bekannt, wo ich zum Beispiel die notwendigen Inkontinenzmittel in der mir fremden Wohnung finden könnte. So waren die vorgegebenen 15 Minuten für Waschen, Anziehen und Haare waschen allein schon durch die Suche nach den notwendigen Arbeitsmitteln aufgebraucht.

Zu meinem Glück war die alte Dame wenigstens in der Lage, mit mir zu kommunizieren. Mindestens die Hälfte meiner Kunden war hilfsbedürftig aufgrund ihrer Demenz. Gerade bei dieser Krankheit ist eine vollständige Biographiearbeit unerlässlich, um überhaupt eine Chance zu haben, diesen Erkrankten zu erreichen und zu verstehen.

Die Biographiearbeit ist leider ein stark vernachlässigter Bereich der Pflege. Nur wenn ich die Krankengeschichte des zu Pflegenden, seine Fähigkeiten, Ressourcen, Wünsche, Gewohnheiten und Eigenheiten kenne, kann ich ihn ganzheitlich und optimal versorgen. Bislang in den meisten Fällen ein Wunschtraum jeder Pflegerin und jedes Pflegers.

Im südlichen Teil Hannovers wohnt zum Beispiel die 76-jährige Frau S. alleine in ihrer geräumigen Zweizimmerwohnung. Aufgrund ihrer schon recht fortgeschrittenen Demenz lebt sie nur noch in der Gegenwart. Dieser Dame klarzumachen, dass sie aufstehen sollte, bedurfte es feinsten Fingerspitzengefühls und vor allem genügend Ruhe und ausreichend Zeit – die eigentlich keine ambulante Pflegekraft hat.

Noch während ich sie bat aufzustehen, hatte die alte Dame mein Anliegen bereits wieder vergessen. Die Zeit lief mir davon, und von Minute zu Minute wurde ich bestimmter. Aber je mehr ich kommandierte, umso weniger war Frau S. bereit, sich zu bewegen. Ich hatte sogar den Eindruck, dass sie sich bevormundet vorkam und sich deshalb der Pflege mehr und mehr verweigerte.

Es war ein Teufelskreis, der in dieser Situation kaum zu durchbrechen war. Die lediglich zwölf Minuten, die mir zur Pflege der alten Dame zur Verfügung standen, waren bereits verbraucht und bis zu ihrem Badezimmer war es noch ein weiter Weg. Rein körperlich betrachtet war diese kurze Strecke für Frau S. kaum ein Problem, doch ihr die Notwendigkeit dafür klarzumachen, war nahezu unmöglich.

Mit fortschreitender Zeit wurden meine Bewegungen immer hektischer und der daraus resultierende Stress übertrug sich nahezu eins zu eins auf Frau S., sodass sie nach 15 Minuten immer noch recht verkrampft in ihrem Bett lag und die prall-gefüllte Höschenwindel bereits einen unangenehmen Geruch in der kompletten Wohnung hinterlassen hatte. Mir schien, dass allein diese Tatsache ihre Stresstoleranz erheblich minderte. Die Dame machte regelrecht zu und verkrampfte zusehends bei jedem meiner Versuche, sie von der Windel zu befreien.

Ich wurde immer unsicherer und stand vor der Wahl, entweder leichte Gewalt anzuwenden oder die alte Dame ihrem Schicksal zu überlassen. In dieser Ausweglosigkeit entschied ich mich, ihre Wohnung zu verlassen, um zu einem späteren Zeitpunkt in Ruhe und Gelassenheit einen neuen Versuch zu starten.

Dabei spielten die längst überschrittenen vorgegebenen Zeiten keinerlei Rolle mehr in meiner Tagesplanung. Bevor ich bereit war, tatsächlich Gewalt anzuwenden, verzichtete ich lieber auf meine Freizeit und beschloss, meine Mittagspause für die Pflege von Frau S. zu nutzen.

Als ich gegen 12.30 Uhr ihre Wohnung wieder betrat, stand bereits ihr Mittagessen auf dem Tisch. Frau S. befand sich immer noch in ihrem Bett und hatte in der Zeit aus lauter Langeweile den Inhalt der Höschenwindel fein säuberlich im Bett verteilt. Dabei hatte sie keine Hemmungen gehabt, auch ihr Gesicht mit Kot zu beschmieren.

Ich wunderte mich über meine fast meditative Ruhe und begann in langsamen Bewegungen das Chaos nach und nach zu beseitigen. Mit sehr einfachen Sätzen ermunterte ich die alte Dame mitzumachen, und diesmal funktionierte es tatsächlich.

Nach etwa einer halben Stunde saß Frau S. frisch geduscht an ihrem Küchentisch. Ich beobachtete, dass sie mit dem gelieferten Fertigessen nichts anfangen konnte. Aufgrund ihrer fortgeschrittenen Demenz hatte sie bereits vergessen, was Hunger und Durst eigentlich bedeuten, und so musste ich sie schon bei jedem einzelnen Löffel an das Kauen der Mahlzeit erinnern. Doch wer hat eigentlich sonst die Geduld und Zeit, dies bei Frau S. zu tun?

Der Lieferservice hatte das Tablett mit dem Fertigessen einfach auf den Küchentisch gestellt, außerdem kam nur noch die Kollegin aus dem Spätdienst, allerdings nicht vor 17 Uhr. Auch die einzig examinierte Kraft kam lediglich zur so genannten Behandlungspflege und hatte genau vier Minuten Zeit, um Frau S. die wegen ihrer Diabetes-Erkrankung benötigte Insulinspritze und einige Tabletten zu verabreichen.

Charlie Chaplins *Moderne Zeiten* am Pflegebett

Mir wurde auch jetzt wieder die, an die industrielle Produktion angelehnte, Arbeitsaufteilung in der Pflege so richtig bewusst. Nicht nur, dass jedem einzelnen Handgriff eine gewisse Zeit zugeordnet wurde; nein, man ging noch einen Schritt weiter. So fasste man verschiedene Handgriffe und Abläufe zu einem Tätigkeitsbereich mit dem erklärten Ziel zusammen, effektiver und vor allem wirtschaftlicher arbeiten zu können.

Da war ich, die Hilfskraft, zuständig für die so genannte Grundpflege, d.h. Waschen, Anziehen und Dokumentieren, eine andere Kollegin brachte die Mahlzeiten, und die examinierte Kraft übernahm die Behandlungspflege. Zudem kam noch zweimal in der Woche eine hauswirtschaftliche Kraft, die vor allem für die Sauberkeit im Wohnbereich verantwortlich war.

Diese Arbeitsteilung und Normierung wurde eigentlich

für die möglichst effektive Versorgung von pflegebedürftigen Menschen im Altenheim entwickelt. In *Abgezockt und totgepflegt*, habe ich diese Auswirkungen auf den Menschen genau beschrieben. Schon damals fiel mir auf, dass durch die Zerlegung der Betreuungsaufgaben der eigentliche Beruf der Altenpflege immer unattraktiver wurde. Und mich wunderte es aus der eigenen Erfahrung heraus auch damals nicht, dass viele Pflegekräfte ihren Beruf schon nach wenigen Berufsjahren an den Nagel hängten.

Der geniale und einmalige Charlie Chaplin hatte diese stetige Monotonie am Fließband in seinem Film »Moderne Zeiten« (1936) auf seine Weise angeprangert. Doch zu seiner Zeit waren es noch *Maschinen*, die von *Menschen* monoton bedient wurden. Heute sind es im gesamten Pflegebereich *Menschen*, die von *anderen Menschen* genauso monoton bedient werden.

Dabei mag der Vergleich von Fabrikgebäuden und Altenheimen mit zentraler Unterbringung für diese Art der Arbeitszerlegung noch einigermaßen stimmen. In der mobilen Pflege herrschen allerdings völlig andere Bedingungen. Der größte Unterschied besteht darin, dass die Menschen eben nicht zentral untergebracht und somit die Voraussetzung für die erhofften Synergieeffekte nicht erfüllt sind. Im Vergleich zu einem Altenheim oder gar einer Fabrik lassen sich zu Hause bei den Pflegepatienten durch die industrielle Abfertigung keine Zeitvorteile erzielen. Im Gegenteil, das gängige System der Altenpflege ist bei einer individuellen, dezentralen Unterbringung erheblich zeitaufwändiger.

Betrachten wir dazu zum Beispiel die Pflege heute bei Frau S.: Allein für die drei Personen, die für die unterschiedlichen Pflegeaufgaben eingesetzt wurden, war ein zeitlicher Fahraufwand von je mehr als zehn Minuten erforderlich. So wurden hier bei der ambulanten Pflege bereits 30 Minuten nur bei *einer* Kundin, sozusagen auf der Straße, verloren. Die klassische Arbeitsteilung führt bei der ambulanten Pflege zu einem Zeitverlust, der sich mit jeder zusätzlichen Pflegekraft im Dienst potenziert. Wenn man sich jetzt noch vor Augen führt, dass in der ambulanten Pflege weit weniger Geld zur Verfügung steht als in der stationären Betreuung, dürfte jedem klar sein, warum gerade dieser Bereich vor dem absoluten Kollaps steht.

Und die Politik verschließt seit Jahren mehr als fahrlässig die Augen vor dieser Problematik. Da gesteht man zum Beispiel dem ambulanten Bereich in der Pflegestufe I lediglich 440 Euro zu, während der wesentlich rationellere stationäre Bereich für die gleiche Arbeit 1023 Euro bekommt (siehe auch Tabelle Seite 38). Allein diese Regelung führt den im Sozialgesetzbuch definierten Grundsatz »ambulant vor stationär« oder besser ausgedrückt »Zuhause vor Heim« ad absurdum.

Die politischen Vorgaben in unserem Land bevorzugen deutlich die Unterbringung in einem Altenheim. Es fehlt wie in vielen anderen Bereichen an Geld und an der Ehrlichkeit. Die Pflege ist schon jetzt kaum bezahlbar. Wenn der Grundsatz »Zuhause vor Heim« tatsächlich erfüllt werden sollte, müsste die gesetzliche Pflegeversicherung viel breiter aufgestellt werden. Stattdessen geht man genau den anderen Weg: Das Risiko wird mehr und mehr auf die Schultern des Einzelnen gelegt.

Zur Berechnung der Beiträge für die Pflegeversicherung hätte man schon lange nicht nur den Faktor Arbeit, sondern ebenfalls alle anderen Einnahmequellen aus Vermietung und Verpachtung oder aus Kapitalerträgen hinzuziehen müssen. Solange dies nicht der Fall ist, müsste der Beitrag für die Pflegeversicherung von derzeit 0,975 Prozent auf mindestens drei bis vier Prozent erhöht werden, um die ambulante Pflege überhaupt finanzieren zu können. Doch dies alles sind unange-

Kleines ABC der Pflegeversicherung

Als pflegebedürftig gilt, wer wegen einer körperlichen, geistigen oder seelischen Behinderung oder Krankheit auf Dauer (also mindestens für sechs Monate) in erheblichem Maß der Hilfe im täglichen Leben bedarf. Zum täglichen Leben zählt man die Grundpflege, die Haushaltspflege sowie andere Pflegebehandlungen.

Zur Grundpflege gehören die Körperpflege (Waschen, Zähne putzen, Kämmen, Rasieren, Toilettengang), Ernährung (mundgerechte Zubereitung und Aufnahme der Nahrung) und Mobilität (Aufstehen/Zubettgehen, An-/Auskleiden, Gehen, Stehen, Treppensteigen, Verlassen/Wiederaufsuchen der Wohnung). Diese können problemlos von einer ungelernten Kraft erledigt werden.

Zur Haushaltspflege zählen Einkaufen, Kochen, Saubermachen, Spülen, Wechseln der Wäsche, Waschen der Wäsche, Heizen.

Zu den weiteren Pflegebehandlungen zählen unter anderem Friseur, Fuß- und Fingernägel schneiden, Fahrten zur Schule oder Behindertenwerkstatt, medizinische oder berufliche Rehabilitationsmaßnahmen, allgemeine Beaufsichtigung und die Behandlungspflege.

Die Behandlungspflege umfasst die medizinische Pflege wie Injektionen, Behandlung von Druckgeschwüren, Verbände wechseln, Medikamenteneinnahme, Blutzucker-/Blutdruckmessungen und anderes. Bei der Behandlungspflege handelt es sich um Tätigkeiten des medizinischen Bereichs. Diese setzen eine Ausbildung voraus. Die Behandlungspflege geht zulasten der Krankenkassen – wenn der zu Pflegende oder eine Person des Haushalts sie nicht selbst übernehmen kann.

Wer über die Pflegeversicherung unterstützt werden möchte, stellt einen Antrag, der vom Medizinischen Dienst der gesetzlichen Kranken- und Pflegeversicherung (MDK) geprüft wird. Der Medizinische Dienst entscheidet über die Einstufung in eine von drei Pflegestufen.

Pflegestufe I

bedeutet, dass jemand im Wochendurchschnitt mindestens 90 Minuten täglich Hilfe braucht. Davon müssen mehr als 45 Minuten auf die Grundpflege entfallen.

Pflegestufe II

bedeutet, dass jemand im Wochendurchschnitt mindestens drei Stunden täglich Hilfe braucht, davon zwei Stunden für die Grundpflege. Auch muss die Versorgung des Haushalts komplett übernommen werden.

Pflegestufe III

bedeutet, dass jemand im Wochendurchschnitt mindestens fünf Stunden täglich, davon vier Stunden für die Grundpflege, und regelmäßig nachts Hilfe braucht. Eine Betreuung rund um die Uhr muss gewährleistet sein.

Härtefall

Hier muss ein außergewöhnlich hoher Pflegeaufwand geleistet werden. Ein Härtefall liegt vor, wenn die Grundpflege sieben Stunden täglich, davon mindestens zwei Stunden nachts, beträgt oder die Grundpflege nur mit mehreren Pflegekräften gemeinsam geleistet werden kann. Beide Merkmale sind für sich schon Voraussetzung für einen Härtefall. Betroffen sind zum Beispiel schwer Demenzkranke oder Krebspatienten im Endstadium.

nehme Wahrheiten, die jedem Politiker viele Stimmen kosten könnten, sobald er diese öffentlich macht. Also wird geschwiegen, um den eigenen Kopf zu retten. Dabei müsste jedem Politiker bewusst sein, dass man damit nicht nur die Pflegekräfte, sondern auch die zu Pflegenden opfert. Dass Demenzkranke nicht als pflegebedürftig anerkannt werden und deshalb aus der Pflegeversicherung herausfallen, ist dabei ein weiteres Beispiel für die fast schon menschenverachtende Realität in der Pflege.

Da sträuben sich die Gesundheitspolitiker seit vielen Jahren, die Demenz in den §14 des Elften Sozialgesetzbuches aufzunehmen, der den »Begriff der Pflegebedürftigkeit« definiert. Allein durch diesen kleinen Schritt wären die Betroffenen zumindest in den Kreis der Leistungsempfänger einbezogen. Das bedeutet im Klartext, dass auch sie einen gesetzlichen Anspruch auf Zahlung aus der Pflegeversicherung hätten. Bisher werden sie meist in der Pflegestufe 0 geführt und müssen damit die Kosten für Pflege und Betreuung aus der eigenen Tasche bezahlen.

Die Versorgung der Demenzkranken wird von Experten auf jährlich 26 Milliarden Euro nur für Behandlung und Grundpflege geschätzt. Und wer sich diesen gigantischen Finanzierungsbedarf anschaut, den darf es nicht wundern, dass unsere Politiker den Mut verlieren, und die Augen vor dem Versorgungsproblem verschließen.

Währenddessen rettet man sich in immer aufwändigere Modellversuche und versucht, durch aus der Luft gegriffene Pseudoqualitätsbekundungen den Pflegebereich aus der Kritik zu nehmen. Das Ganze ist in meinen Augen nicht mehr als ein Pflaster auf den Dekubitus »Pflege«. Wie beim Dekubitus werden die Probleme nach außen notdürftig abgedeckt, aber nach innen wachsen sie fast unbeobachtet weiter, bis hin zum totalen Kollaps.

Dabei setzt man seit Jahren auf das soziale Gewissen der Pflegekräfte und hofft, dass diese bereit sind, immer mehr Leistung für immer weniger Bezahlung zu erbringen. In der ambulanten Pflege geht dieser Plan bisher gut auf.

«Ich fühlte mich wie im Gefängnis» – die Belastung der Angehörigen

Am nächsten Tag stand zusätzlich zu den bisherigen pflegebedürftigen Menschen auch noch der 82-jährige Herr S. auf
meiner Liste. Lediglich im zweitägigen Rhythmus wurde der
durch einen Schlaganfall halbseitig gelähmte Herr von einer
Pflegekraft gewaschen oder geduscht. Im Gegensatz zu den
bisherigen Kunden hatte Herr S. das Glück, noch seine zehn
Jahre jüngere Ehefrau an seiner Seite zu haben. So spielte bei
ihm die sonst so übliche Einsamkeit kaum eine Rolle, was
man von seiner Ehefrau allerdings nicht behaupten konnte.

Als ich die ziemlich modern ausgestattete Wohnung im
Südosten von Hannover erreichte, empfing mich die Dame
des Hauses schon etwas nervös vor der Haustür. Bepackt mit
mehreren Einkaufstaschen und einer Klappbox, gefüllt mit
leeren Pfandflaschen, stand sie bereits seit mehr als einer
Stunde in den Startlöchern.

Die Zeit hatte ich mal wieder dem Straßenverkehr opfern
müssen, doch zu meiner Verwunderung war die alte Dame
immer noch sehr freundlich und sichtbar glücklich, für eine
kurze Zeit ihre Wohnung verlassen zu können.

Frau S.: «Schön, dass Sie da sind. Sie kommen wegen der
Pflege meines Mannes?»

MB: »Ja, ich bin die neue Pflegekraft.«

Frau S.: »Dass hier stetig neue Gesichter auftauchen, daran
haben wir uns längst gewöhnt. Wir sind mittlerweile froh,
dass überhaupt noch jemand kommt. Kommen Sie doch bitte
herein, ich zeige Ihnen kurz das Notwendigste und stelle Sie
meinem Mann vor.«

In einer gewissen Routine führte sie mich durch die gesamte Wohnung und zeigte mir, wo ich die notwendigen Pflegeutensilien finden konnte. Im gut 25 Quadratmeter großen Wohnzimmer mit herrlicher Sonnenterrasse hatten sie genügend Platz für ein Pflegebett mit Anti-Dekubitus-Matratze und einen besonderen Pflegestuhl. Selbst einen Lift bekam ich zum ersten Mal seit Beginn meiner Recherche zu Gesicht. Mein Kunde war wirklich gut ausgestattet. Wie in einem Pflegeheim waren alle Pflegeutensilien vorhanden, und diese sollten mir die Arbeit erheblich erleichtern.

Frau S.: »Ich muss jetzt schnell einkaufen. Tun Sie mir bitte den Gefallen, hier auf mich zu warten, auch wenn Sie mit der Pflegearbeit schon fertig sind. Wir dürfen meinen Mann nicht alleine lassen. Können Sie mir das versprechen?«

MB: »Machen Sie sich keine Sorgen, ich bleibe hier, bis Sie zurück sind.«

Schon verschwand sie hektisch im Treppenhaus, und ich wandte mich meiner eigentlichen Aufgabe zu, den alten Herrn in seinem Bett zu waschen und die Inkontinenzwindel zu wechseln.

Der linksseitig gelähmte Herr war durchaus in der Lage, mich zu verstehen, allerdings war sein Sprachzentrum merklich betroffen. Selbst ein einfaches Ja oder Nein über die Lippen zu bringen, kostete ihn viel Kraft und es dauerte gefühlte fünf Minuten, bis er ein Wort über die Lippen brachte. Dabei lief sein Kopf feuerrot an, und er hustete recht heftig, bis er endlich mit einem fast schon blauen Kopf die zwei Buchstaben von sich gab.

Nach 15 Minuten hatte ich den Mann laut Plan versorgt, doch von seiner Frau war noch nichts zu sehen. So nahm ich zunächst auf dem Ikea-Sofa Platz und schaute mir die kleine und sehr persönliche Bildergalerie an der Wand an. Neben dem schon etwas vergilbten schwarz-weißen Hochzeitsfoto hing ein Foto des alten Herrn in jungen Jahren mit einem neugeborenen Kind in den Armen. Daneben mehrere glückliche Familienbilder von den verschiedensten Urlaubsorten der ganzen Welt. Ganz rechts jedoch das scheinbar aktuellste Bild am Grab der eigenen Tochter.

Der alte Herr ließ mich nicht aus den Augen, und ein gewisses Misstrauen war zu spüren. Erst als nach weiteren 15 Minuten ein Schlüssel ins Schloss der Haustür gesteckt wurde, entspannte sich mein Kunde.

Frau S.: »Ach, Sie sind noch da? Vielen Dank, dass Sie gewartet haben. Es ist für mich die einzige Möglichkeit, die Wohnung zu verlassen, und einer muss doch einkaufen.«

MB: »Kein Problem. Sie sind bestimmt belastet genug, oder?«

Frau S.: »Ach, was soll ich jammern? Natürlich ist es nicht einfach, sich stetig um einen Menschen zu kümmern. Als mein Mann vor drei Jahren den ersten Schlaganfall hatte, war das schon ein Schock. Im Krankenhaus sollte ich dann die Entscheidung treffen, ob ich ihn selbst pflege oder in ein Heim gebe.«

MB: »Schwierige Entscheidung. Was haben Sie gemacht?«

Frau S.: »Zuerst entschied ich mich natürlich dafür, ihn selbst in unserer Wohnung zu versorgen. Es war mir damals gar nicht so richtig bewusst, was da alles auf mich zukommt. Das komplette Badezimmer wurde behindertengerecht umgebaut. In unserem Schlafzimmer war kein Platz für ein Pflegebett mit Rollstuhl, so musste ich auch noch aufs Wohnzimmer verzichten.«

MB: »Entschuldigung, aber wer hat sich in dieser Zeit um die Pflege gekümmert?«

Frau S.: »Auch das wollte ich zunächst alles alleine bewältigen. Ich belegte einen Abendkurs, während er sechs Wochen in der Reha war. Doch das ging nicht lange gut.«

MB: »Warum?«

Frau S.: »Bereits nach kurzer Zeit war ich mit meinen Kräften völlig am Ende. Dabei wurde ich selbst immer ungeduldiger mit meinem Mann und beschuldigte ihn, mein komplettes Leben in Beschlag zu nehmen. Ich hatte keine Zeit mehr, unseren Freundeskreis aufrecht zu erhalten, und fühlte mich teilweise wie in ein Gefängnis gesperrt. Erst als ich meine stetige Unzufriedenheit in einer heftigen Ohrfeige an meinem Mann entlud, wurde mir klar, dass ich mit der Aufgabe völlig überfordert war. Dabei führten gerade das Waschen und die Pflege des Intimbereichs immer wieder zu beiderseitiger Aggressionen.«

MB: »Das war bestimmt für Sie beide eine sehr harte Zeit. Was haben Sie seither geändert?«

Frau S.: »Zunächst war ich so wütend und gleichzeitig fertig mit den Nerven, dass ich ihn tatsächlich in ein Altenheim gegeben habe. Diese Entscheidung kann ich mir allerdings bis heute nicht verzeihen.«

MB: »Warum das?«

Frau S.: »Schon nach vier Wochen war er bis auf die Knochen abgemagert, und keiner hatte Zeit für ihn. Dabei musste ich knapp 4000 Euro pro Monat auf den Tisch legen, um zuzusehen, wie er langsam vor die Hunde geht. So entschied ich mich entgegen dem Rat meines Hausarztes, ihn wieder zurück in unsere Wohnung zu nehmen.«

MB: »Was hatte Ihnen denn Ihr Arzt geraten?«

Frau S.: »Dass ich bei der Entscheidung doch bitte auch an meine eigene Gesundheit denken soll. Er war sicher, dass ich die Belastung sowohl körperlich als auch seelisch nicht mehr verkraften konnte.«

MB: »Und trotzdem hielten Sie an Ihrer Entscheidung fest?«

Frau S.: »Wissen Sie, wir sind jetzt mehr als 60 Jahre verheiratet und immer gemeinsam durch dick und dünn gegangen. Viel zu früh haben wir unser einziges Kind verloren und haben jetzt nur noch uns selbst. Wie kann ich ihn in einer solchen Situation alleine lassen? Das würde ich selbst auch nicht überstehen. Also blieb mir doch gar nichts anderes übrig, als meinen geliebten Mann wieder nach Hause zu nehmen. Diesmal beauftragte ich allerdings Ihre Firma mit der Pflege, um die schon erlebten und schmerzhaften Gewaltausbrüche zu verhindern.«

MB: »Und das hat funktioniert?«

Frau S: »Zu unserem gemeinsamen Glück ist ja bis zum heutigen Tag alles gut gegangen.«

MB: »Sehr schön, jetzt muss ich allerdings schnell weiter.«

Frau S.: »Vielen Dank, dass Sie nicht nur gewartet, sondern auch so geduldig zugehört haben. Das hat mir persönlich sehr gut getan. Danke!«

Erst nach mehr als 45 Minuten verließ ich die Wohnung und trug die zusätzliche halbe Stunde als unbezahlte Pause in meinen Tätigkeitsbericht ein.

Pfleger in der Leiharbeit – Fazit einer Arbeitswoche

Die erste Woche verging wie im Flug und schon war es Freitagnachmittag. Wie mit meiner Disponentin vereinbart, war es jetzt an der Zeit, die Stundenzettel im Büro meiner Leiharbeitsfirma abzugeben. In den ersten fünf Tagen hatte ich dabei die üblichen sechs Arbeitsstunden zuzüglich der jeweils zwei bis drei Überstunden pro Schicht auf dem Zettel notiert.

Disp.: »Und wie war Ihre erste Woche?«

MB: »Ganz schön anstrengend, und es dauert schon eine Weile, bis man sich orientiert hat und seine Route verinnerlicht.«

Disp.: »Gut! Für die nächste Woche arbeiten Sie im Auftrag eines anderen Pflegeunternehmens. Ich möchte Sie bitten, am Montag um 5:30 Uhr bei Frau K. in der Nähe des Bahnhofs Ihren Dienst anzutreten.«

MB: »Also wieder eine neue Route mit neuen Kunden?«

Disp.: »So ist das eben in der Leiharbeit, daran werden Sie sich schon gewöhnen müssen.«

MB: »Ja, dann ist es eben so. Schönes Wochenende und bis Freitag.«

Man sollte sich als Pflegekraft nicht allzu sehr über ein freies Wochenende freuen, denn häufig kommt doch etwas dazwischen.

Ich hatte mich für den freien Samstag mit einigen Freunden zum Fußball verabredet. Schon vor zwei Wochen hatten wir die Eintrittskarten für das Heimspiel von Hannover 96 gekauft und waren gerade auf dem Weg ins Stadion, als mein Mobiltelefon klingelte. Auf dem Display erschien die Nummer meiner Disponentin. Ich entschied, den Anruf zu ignorieren. Schließlich hatte ich die vereinbarten 30 Arbeitsstunden in der letzten Woche schon erheblich überschritten, und mein Körper wie auch meine Seele lechzten nach einer Pause.

Während das Spiel lief, klingelte es mehrfach, und ich wunderte mich schon etwas über mich selbst, wie gelassen ich den Anruf ignorierte. Bei meiner Recherchearbeit in den Altenheimen wäre dies undenkbar gewesen. Damals hatte ich eine persönliche Beziehung zu den Bewohnern und auch zum Personal aufgebaut. Allein mein Verantwortungsgefühl diesen Menschen gegenüber hätte mich sofort zum Dienst getrieben. Doch hier war durch die stetige Anonymität alles anders. Es gab keine Kollegen, die ich persönlich kennengelernt hatte, und der Kontakt zu den Kunden war bisher viel zu kurz, um eine Bindung aufzubauen.

So fiel es mir leicht, das Spiel mit meinen Freunden zu genießen und meinen Arbeitgeber für diesen Tag zu vergessen. Dies merkte meine Disponentin dann auch nach zwölf erfolglosen Versuchen.

Neue Woche – neue Pflegekunden

Am darauf folgenden Montag erschien ich wie immer pünktlich um 5:30 Uhr bei meinem neuen Auftraggeber, um den Frühdienst anzutreten. Die Geschäftsführerin des kleinen Pflegeunternehmens im Norden der Stadt empfing mich persönlich, stellte mir mit kurzen Worten ihren Betrieb vor, und bereits nach 15 Minuten saß ich im kleinen Firmenwagen auf dem Weg zur ersten Kundin.

Auf meiner Liste standen am heutigen Tag genau 16 Kunden, zehn mit Pflegestufe I und sechs mit Pflegestufe II. Die auf dem Arbeitszettel vorgegebenen Zeiten lagen wie üblich zwischen zehn und 20 Minuten.

Wenig später stand ich vor der Haustür von Herrn S. und klingelte, da uns dieser Kunde seinen Haustürschlüssel nicht anvertraut hatte. Doch selbst auf mein lautes Klopfen reagierte Herr S. nicht, und so rief ich zunächst meine Disponentin an. Sie gab mir dann zügig die Telefonnummer der Auftraggeberin, und ich meldete den Vorgang.

MB: »Ich stehe hier gerade vor der Tür von Herrn S., und er öffnet nicht. Was soll ich jetzt tun?«

AG: »Der ist bestimmt schon abgeholt worden. Fahren Sie zum nächsten Kunden!«

MB: »Und was trage ich ein?«

AG: »Dass der Kunde nicht anzutreffen ist.«

MB: »Und was ist mit der Pflegezeit?«

AG: »Die haben Sie nicht ausgeführt, und somit kann ich die auch nicht abrechnen.«

MB: »Heißt, die 20 Minuten bekomme ich nicht bezahlt?«

AG: »Das haben Sie schon richtig verstanden, und nun machen Sie sich bitte auf zum nächsten Kunden. Sie werden bereits erwartet.«

Kopfschüttelnd beendete ich das Gespräch, und auf dem etwas längeren Weg zur nächsten Kundin regte ich mich gehörig über das gerade Erlebte auf. Das Gehalt war sowieso schon mehr als knapp bemessen, da konnte ich mir einen solchen Verdienstausfall nicht leisten. In meinen Augen war es geradezu untragbar, dass man in diesem Fall das unternehmerische Risiko ganz auf meine Schultern gelegt hatte. Dabei war ich bei dieser Firma nicht einmal angestellt. Mit welcher Selbstverständlichkeit die Chefin des Pflegeunternehmens ihr eigentliches, von ihr allein zu tragendes, Risiko auf mich, die leihweise dort arbeitende Pflegekraft, abwälzte, machte mich sehr ärgerlich. Außerdem war ich felsenfest überzeugt, dass ihr Verhalten durch kein einzig geltendes Gesetz in unserem Land abgedeckt ist. Sie als Unternehmerin hat in diesem Fall selbstverständlich das Risiko für diese Art von Ausfall alleine zu tragen. So werden diese 20 Minuten zu einem späteren Zeitpunkt noch für erheblichen Ärger sorgen.

»Ich brauche dringend mein Insulin« – schwerwiegende Panne beim Pflegedienst

Aber jetzt stand ich schon vor der nächsten Haustür, für die ich allerdings zu meinem Glück einen Schlüssel hatte. Die

78-jährige Frau B. erwartete mich schon sehnsüchtig. Dabei dachte die Diabetikerin, ich wäre die ausgebildete Kraft.

Frau B.: »Schön, dass Sie da sind. Ich habe einen Bärenhunger und warte schon auf die üblichen Spritzen.«

MB: »Tut mir leid, aber ich bin nur Hilfskraft und lediglich zum Waschen hier.«

Frau B.: »Na toll. Mir knurrt der Magen, und vor der Spritze darf ich nichts essen.«

MB: »Da müssen Sie sich noch ein wenig gedulden.«

Inzwischen hatte ich die recht wackelig laufende Frau in das Badezimmer begleitet und ihr schon auf dem Weg Jacke und Pullover ausgezogen. Wie üblich, eine schnelle Katzenwäsche am Waschbecken, und während sich die alte Dame selbst kämmte, war ich in ihrem Kleiderschrank bereits auf der Suche nach Unterhemd und frischer Bluse. So war nach 15 Minuten mein Einsatz erledigt. Als ich die alte Dame wieder zurück in ihr Wohnzimmer bringen wollte, fragte sie:

Frau B.: »Und was ist mit meinen Beinen?«

MB: »Die sind morgen wieder an der Reihe. Für heute stand nur die kleine Wäsche auf dem Programm.«

Frau B.: »Nein, waschen meine ich auch nicht. Die müssen jeden Morgen anständig verbunden werden.«

MB: »Oh, damit müssen Sie sich gedulden, bis die ausgebildete Kraft kommt. Das darf ich gar nicht machen.«

Frau B.: »Also soll ich jetzt hier warten? Wann kommt denn der Kollege?«

MB: »Das kann ich Ihnen nicht sagen.«

Frau B.: »Na toll. Ich habe eine schwere Diabetes und benötige dringend mein Insulin. Sie können mich doch nicht so alleine sitzen lassen.«

Doch das musste ich, denn es standen schließlich noch weitere 14 Kunden auf meiner Liste, die genauso dringend auf mich warteten. Zur Beruhigung der alten Dame rief ich allerdings kurz im Büro an, um die Sache zu klären. Die Geschäftsführerin bat mich, beruhigend auf Frau B. einzuwirken und ihr zu versprechen, dass die examinierte Kraft bereits auf dem Weg sei. Mit einem mulmigen Gefühl in der Magengegend verließ ich ihre Wohnung und machte mich auf den Weg zu weiteren Kunden.

Kurz vor der Mittagspause hatte ich einen Einsatz bei Frau S., die zufällig im gegenüberliegenden Wohnblock von Frau B. wohnte. Ich hatte die Kundin wie üblich im rasanten Stil nahezu mechanisch in zwölf Minuten abgefertigt. Der Gedanke an Frau B. ließ mich aber nicht los. Ich machte mir immer noch Sorgen. War die examinierte Kraft schon bei ihr gewesen?

Ich wollte es genau wissen und war bereit, wieder einmal auf meine Pause zu verzichten. So klingelte ich bei Frau B., öffnete mit dem Schlüssel ihre Haustür und hörte schon ihr lautes Seufzen aus dem Wohnzimmer.

Frau B: »Endlich sind Sie da. Ich brauche dringend mein Insulin.«

Erst als ich ins Zimmer kam, bemerkte sie, dass ich nicht die erwartete Person war, die sie endlich behandeln würde.

Frau B: »Ach, Sie sind es schon wieder. Sie haben mir doch versprochen, dass ihre Kollegin bald kommt. Wo ist sie?«

MB: »Keine Ahnung, aber ich rufe gleich noch einmal im Büro an.«

Während ich zum Mobiltelefon griff, merkte ich am Zustand der Frau, dass es nun wirklich dringend an der Zeit war für ihr Insulin, dabei hatte ich ihre Beine bisher noch nicht gesehen.

MB: »Ja, hier bin ich schon wieder. Das ist ja kein guter erster Tag. Hier sitzt immer noch Frau B. und wartet auf die Examinierte. Wo bleibt die Kollegin?«

GF: »Oh, die hat sich zwischendurch krank gemeldet. Ich besorge gerade Ersatz.«

MB: »Das sollten Sie aber sehr schnell erledigen, denn die alte Dame wartet dringend auf ihr Insulin. Aber das müssen Sie doch wissen!«

GF: »Ja natürlich, aber was bleibt mir übrig?«

MB: »Vielleicht sollten Sie mal auf die Idee kommen, sich selbst auf den Weg zu machen. Denn nicht nur Frau B. fehlt bisher die medizinische Versorgung, die anderen Patienten, bei denen ich war, warten auch noch. Ihre Gelassenheit wundert mich dabei schon.«

GF: »Das müssen Sie mir überlassen, schließlich bin ich die Geschäftsführerin. Sie machen Ihre Arbeit jetzt gefälligst weiter, und um den Rest bemühe ich mich.«

MB: »Das werde ich tun, aber verlassen Sie sich darauf, dass ich in spätestens einer Stunde wieder hier bin.«

Während des Gesprächs saß die alte Dame mir gegenüber und merkte, dass hier ein Mensch war, dem sie vertrauen konnte. Ich versprach ihr, nach spätestens einer Stunde wieder vorbeizuschauen.

Als ich nach der Pflege von drei weiteren Kunden in ihre Wohnung kam, war immer noch nichts geschehen. Mittlerweile hatte Frau B. sich die Beinverbände selbst abgewickelt und saß immer noch auf dem Fernsehsessel in ihrem Wohnzimmer. Erst jetzt wurde mir das ganze Ausmaß der Unterversorgung bewusst.

Beide Beine der alten Dame waren völlig offen, und einzelne Hautfetzen hatten sich bereits gelöst. Sie selbst war am ganzen Körper sehr kaltschweißig, und ich befürchtete einen baldigen Zuckerschock. Zudem hatte sie bis zum jetzigen Zeitpunkt noch keine Nahrungsmittel zu sich genommen. Auf ihrem Esstisch in der Küche stand neben dem frischen

Brötchen vom geplanten Frühstück schon das Mittagessen von »Essen auf Rädern«.

Jetzt ging mir die Geduld mehr und mehr verloren, wütend versuchte ich, den Pflegedienst nochmals zu erreichen.

MB: »Also, meine Geduld hat jetzt hier ein Ende! Ich werde hier bei Frau B. noch genau 15 Minuten auf eine Examinierte warten, danach werde ich sofort den Notarzt alarmieren.«

GF: »Was machen Sie da eigentlich noch, das ist doch gar nicht Ihre Aufgabe. Überlassen Sie das wohl mir.«

MB: »Nein, Sie haben mir heute genügend vorgespielt. Ich weiß, dass ich Ihnen zwar weisungsgebunden bin, obwohl Sie nicht meine Chefin sind. Doch auch wenn ich nur Leiharbeiter bin, können Sie sicher sein, dass ich die Verantwortung für Frau B. übernehme.«

GF: »Ich habe Ihnen doch deutlich gesagt, dass Sie da nichts mehr zu suchen haben. Machen Sie weiter mit Ihrer Arbeit, aber sofort!«

MB: »Nein, für Ihr Unternehmen garantiert nicht mehr. Ich warte genau noch 13 Minuten!«

GF: »Das ist wohl eine Frechheit. Ich werde sofort Ihre Disponentin anrufen, dann sind Sie Ihren Job los.«

MB: »Jetzt ist Feierabend. Ich werde jetzt gleich ein paar Fotos vom Zustand der alten Dame machen, und Sie haben genau noch 12 Minuten, dann werde ich auch noch die Polizei einschalten.«

Wütend knallte ich mein Handy auf den Tisch. Wenige Minuten später klingelte es an der Haustür von Frau B., und die völlig gestresste Geschäftsführerin stand mit hochrotem Kopf vor mir. Ich musste mich ernsthaft kontrollieren und tief durchatmen, sonst wäre mir sehr wahrscheinlich noch die Hand ausgerutscht. Doch im Hinblick auf die immer schwächer werdende alte Dame, die mittlerweile bereits am ganzen

Körper zitterte, mäßigte ich mich. In aller Ruhe unterstützte ich die Geschäftsführerin beim Anlegen des neuen Verbands und half nach der Insulinspritze auch noch beim Anziehen.

Nach bereits zehn Minuten war alles erledigt, und Frau B. machte jetzt schon einen weitaus ruhigeren Eindruck. Gemeinsam mit der Geschäftsführerin verließ ich die Wohnung und folgte ihr bis zum Parkplatz, wo ich den kleinen Firmenwagen abgestellt hatte.

GF: »So, dann können Sie jetzt wohl weitermachen, oder?«

MB: »Nein, ganz bestimmt nicht! Für ein solches Unternehmen werde ich sicher keine einzige Minute mehr arbeiten. Hier sind die restlichen Wohnungsschlüssel, und den Wagen fahre ich Ihnen auch noch zurück.«

GF: »Was ist mit den restlichen Kunden auf Ihrer Liste?«

MB: »Die können Sie selbst abarbeiten, schließlich sind das Ihre Kunden. Vielleicht ist es gar nicht so schlecht, dass Sie die auch mal kennenlernen. Viel Spaß dabei!«

GF: »So etwas habe ich noch nicht erlebt! Ich werde mich bei Ihrer Firma beschweren!«

MB: »Tun Sie das, und tschüss!«

Dabei warf ich ihr die restlichen Wohnungsschlüssel vor die Füße und ließ die wütende Geschäftsführerin alleine auf dem Parkplatz zurück.

Wenige Minuten später klingelte mein Telefon, und meine Disponentin beorderte mich in ihr Büro. Also fuhr ich noch schnell den Wagen zurück vor das Büro des ambulanten Dienstes und machte mich gespannt auf den Weg zu meiner wirklichen Chefin. Diese erwartete mich bereits mit meiner Personalakte auf ihrem Schreibtisch. Innerlich hatte ich mich schon von meiner neuen Arbeitsstelle verabschiedet, doch es sollte noch ein wenig dauern, bis mir die Kündigung ausgesprochen wurde.

Disp.: »Über den heutigen Tag müssen wir reden!«

Dabei erklärte ich ihr in wenigen Minuten, was ich tatsächlich erlebt hatte.

Disp.: »Gut, das nehme ich zur Kenntnis. Sie müssen allerdings damit rechnen, die Stunden nicht bezahlt zu bekommen.

MB: »Weshalb denn das? Das sehe ich nicht ein!«

Disp.: »Weil die Auftraggeberin nicht bereit ist, die geleisteten Stunden zu zahlen. Und ich kann nur die Stunden abrechnen, die einer unserer Kunden auch meldet.«

MB: »Verstehe ich nicht. Es ist wohl unstrittig, dass ich heute für dieses Unternehmen gearbeitet habe, oder?«

Disp.: »Das sagen Sie. Unsere Auftraggeberin sieht das allerdings anders. Dabei muss ich die Gelegenheit nutzen und auch über Ihren Stundenzettel der letzten Woche sprechen.«

MB: »Wieso, was gibt's da?«

Disp.: »Eine erhebliche Differenz zwischen den von Ihnen aufgeschriebenen und vom Auftraggeber tatsächlich gemeldeten Arbeitsstunden. Schauen Sie mal hier, da haben Sie ganze 42 Stunden notiert, während mir lediglich 30 Arbeitsstunden vom Auftraggeber bestätigt wurden. Wie erklären Sie sich diese Differenz?«

MB: »Das ist ganz einfach! Ich habe an jedem Arbeitstag mindestens zwei Überstunden benötigt, um das enorme Pensum an Kunden überhaupt zu bewältigen.«

Disp.: »Tja, ich kann Ihnen allerdings nur das aufschreiben, was mir unser Klient an Stunden meldet. Sollten Sie damit ein Problem haben, müssen Sie sich mit dem Unternehmen in Verbindung setzen und die Sache klären.«

MB: »Mache ich, und wie geht es weiter?«

Disp.: »Melden Sie sich morgen um 6 Uhr bei dieser Adresse.«

Am heutigen Tag konnte ich nochmals am eigenen Leib verspüren, was es heißt, ein Leiharbeiter zu sein. Man sitzt stetig zwischen zwei Unternehmen, die beide bei Bedarf die Verantwortung auf den Anderen schieben. So kämpft man täglich nicht nur um die Einsätze, sondern in erster Linie darum, die geleisteten Stunden auch tatsächlich bezahlt zu bekommen. Dabei fehlte mir bei hartem Einsatz von zehn oder mehr Stunden ohne Pause nicht nur die Zeit, sondern auch die Kraft, mich zur Wehr zu setzen. Allein der Kampf um die Anerkennung des heutigen Arbeitstages würde mich mehr Stunden kosten, als ich überhaupt geleistet habe. Ich müsste zunächst zu dem Pflegeunternehmen und mich wieder mit der unangenehmen Geschäftsführerin auseinandersetzen. Und obwohl ich die Stunden tatsächlich geleistet habe, sitzt diese am längeren Hebel. So würde ich wie ein Bittsteller gezwungen sein, für die Einsatzstunden noch zu kämpfen.

Dabei denke ich zurück an meine Einsätze als Leiharbeiter für zwei große Konzerne. Schon da verweigerten die beiden Firmen die Verantwortung für mich, den »kleinen« Leiharbeiter, zu übernehmen. Die Geschäftsleitung des einen Konzerns behauptete damals, ich wäre lediglich drei statt der später bestätigten elf Tage im Werk gewesen. Bei dem anderen waren es die ersten zehn Arbeitstage im Werk, die man mir zunächst nicht entlohnt und erst im Nachgang der Veröffentlichung meines Buches »Arm durch Arbeit« anerkannt hatte.

So bleiben in der Leiharbeit täglich Arbeitsstunden unbezahlt. Dabei muss man darauf hinweisen, dass damit nicht nur die einzelnen Leiharbeiter auf einen Teil ihres Lohns verzichten müssen. Auch werden dadurch geringere Beiträge in die Krankenkassen, Renten- und Arbeitslosenversicherung gezahlt und die soliden Sicherungsgesetze aufgeweicht. Somit sind von dieser Unverschämtheit im Umgang mit den nicht anerkannten Arbeitsstunden bereits wir alle – also die gesamte Bevölkerung – betroffen.

»Bitte, besorg mir doch eine Pille« –
Wenn das Leben sinnlos ist

Am nächsten Morgen saß ich schon wieder in einem Kleinwagen eines anderen ambulanten Dienstes im südlichen Teil
der niedersächsischen Hauptstadt. Im Gepäck genau 17
Hausschlüssel mit Nummern versehen und eine Abarbei-
tungsliste mit den üblichen Tätigkeiten im Frühdienst. Dabei
konnte ich nur hoffen, dass jeder der Kunden auch wirklich
in seiner Wohnung ist, damit ich wenigstens am Ende des
Tages die kurzen Einsatzzeiten beim Kunden entlohnt bekomme.

Kurz vor Mittag erreichte ich die Wohnung von Herrn F.
Der 83-jährige pensionierte Lehrer lebt in einem vierstöckigen
Haus am Rande der Stadt. Als sich die Haustür öffnete, bemerkte ich sofort ein leises Röcheln, und durch meine mittlerweile langjährige Erfahrung im Pflegebereich war mir
klar, dass hier irgendetwas passiert war.

Im Flur stand verwaist der Rollator des alten Herrn, und aus
der Küche waren weitere Geräusche zu hören. Behutsam öffnete ich die Tür und sah zunächst nur rechts in der Ecke einen
Rollstuhl – und erst auf den zweiten Blick auch die Beine des
Pensionärs. Dieser war wohl bei dem Versuch, sich sein Frühstück selbst zu machen, ohne Rollstuhl unter den Küchentisch
gerutscht. Hier lag er vermutlich schon seit Stunden und war
beim Warten auf Hilfe in aller Seelenruhe unter dem Tisch eingeschlafen.

Zunächst entfernte ich den kleinen, aber massigen Eichen-
tisch aus der Küche und sah jetzt eine kleine Platzwunde am
Kopf des alten Herrn. Langsam begann ich ihn aufzuwecken,
und er erschrak leicht, als er seine Augen öffnete.

Herr F.: »Oh ein Engel, wo kommen Sie denn her?«

MB: »Ich bin nur Ihre neue Pflegekraft, also keine Angst, Sie sind noch nicht im Himmel.«

Herr F.: »Da bin ich aber erleichtert. Können Sie mir helfen, wieder auf die Beine zu kommen?«

Es war schon ein hartes Stück Arbeit, den alten Herrn wieder sicher in seinem Rollstuhl unterzubringen. Dabei dachte ich an meine Kolleginnen und war mir sicher, dass sie diese Aufgabe aufgrund ihrer körperlichen Voraussetzungen im wahrsten Sinn des Wortes nicht hätten stemmen können.

Jetzt galt es keine Zeit mehr zu verlieren, schnell ins Bad und in wenigen Minuten, fast mechanisch, Gesicht und Oberkörper gesäubert. Danach schnell noch die Haare gekämmt und den Jogginganzug übergezogen – fertig! Das alles ging so schnell, dass Herr F. kaum zu Wort kam, und erst als er wieder an seinem Küchentisch saß, sah er mich mit großen Augen an.

Erst jetzt fiel mir auf, dass einige Tränen über seine Wangen liefen. Sein Blick war eher ein Bitten und Flehen, ihn jetzt ja nicht wieder allein zu lassen. Obwohl meine Zeit bereits etwas überschritten war, konnte ich es einfach nicht übers Herz bringen, den Mann so sitzen zu lassen. So entschied ich kurzerhand, die halbstündige Mittagspause hier in seiner Wohnung zu machen.

Herr F.: »Du willst doch jetzt nicht schon wieder gehen, oder?«

MB: »Nein, ich bleibe noch eine Weile.«

Herr F.: »Schön, das freut mich. Sonst ist ja keiner mehr da.«

MB: »Haben Sie keine Familienangehörigen mehr?«

Herr F.: »Seit sich meine liebe Frau im letzten Herbst völlig überraschend verabschiedet hat, nicht mehr.«

MB: »Und Kinder haben Sie keine?«

Herr F.: »Dieses Glück sollten wir nicht haben, dabei wurde alles Denkbare versucht – leider ohne Erfolg. Jetzt sitz ich hier den ganzen Tag nur noch herum und weiß gar nicht, was das überhaupt noch soll. Warum hat der Herrgott mir meine Frau so früh genommen und mich verschont?«

MB: »Das kann ich Ihnen leider auch nicht beantworten.«

Herr F: »Ich vermisse sie so sehr, dass ich seither mehr und mehr die Lust am Leben verliere. Mittlerweile bin ich so weit, mir nichts sehnlicher zu wünschen als meinen Tod. Was soll ich nur tun?«

MB: »Sie brauchen dringend psychologische Unterstützung. Sprechen Sie doch mal mit Ihrem Hausarzt darüber.«

Herr F: »Das hat doch alles keinen Sinn. Ich möchte so schnell wie möglich wieder zu ihr. Bitte hilf mir dabei!«

MB: »Nein, das kann ich nicht!«

Herr F: »Aber ich weiß doch, dass ihr Pfleger an alles rankommt. Besorg mir wenigstens ein paar Pillen, den Rest erledige ich dann auch ganz bestimmt selbst.«

MB: »Wissen Sie, ich mach diese Arbeit, um anderen Menschen noch ein würdevolles Leben zu ermöglichen. Ihr Leben zu beenden überlassen Sie doch bitte Ihrem Herrgott.«

In diesem Moment öffnete sich die Haustür, und zu meinem Glück stand die examinierte Kollegin vor uns. Feinfühlig bemerkte sie sofort die sonderbare Stimmung in der Küche und bat mich kurz ins Wohnzimmer des alten Herrn.

Kollegin: »Hat er dich auch gebeten, ihn beim Sterben zu unterstützen?«

MB: »Ja, ich bin immer noch schockiert. Gut, dass du gerade im richtigen Moment hinzugekommen bist.«

Kollegin: »Mach dir keine Sorgen, das macht er bei mir schon seit Wochen, und immer wenn ein neuer Kollege anfängt, versucht er sein Glück.«

MB: »Bisher wohl ohne Erfolg. Bekommt er wenigstens fachmännische Betreuung?«

Kollegin: »Ja, einmal in der Woche kommt eine Psychologin, ansonsten wird er mit den passenden Pillen ruhiggestellt. Heute Morgen hat er allerdings seine Medizin noch nicht bekommen. Du wirst sehen, gleich ist alles wieder gut.«

Schon hatte sie dem alten Herrn die Pillen verabreicht, und nach einigen Augenblicken war die gewünschte Wirkung erzielt. Seine Augenränder wurden feuerrot und sein Blick immer glasiger. Dann verlor er schnell die gesamte Körperspannung und sackte in seinem Rollstuhl zusammen.

»Ich bin mein eigener Chef« – selbstständig als Pflegekraft

Auf dem Weg zum Firmenwagen nutzte ich die Zeit, mit der ausgebildeten Kraft einige Worte zu wechseln. Schließlich ist man in der ambulanten Pflege nahezu ausschließlich als Einzelkämpfer unterwegs und trifft sehr selten auf Kollegen.

MB: »Bist du schon lange bei der Firma?«

Kollegin: »Ich bin nicht bei der Firma angestellt, sondern seit zwei Jahren selbstständig.«

MB: »Wie soll ich das verstehen?«

Kollegin: »Ganz einfach. Ich arbeite im Auftrag einiger mobiler Dienste, allerdings auf eigene Rechnung. Somit bin ich mein eigener Chef.«

MB: »Und kannst du davon leben?«

Kollegin: »Das ist ein ewiger Kampf, und hätte ich das alles vorher gewusst, wäre ich diesen Schritt nicht gegangen. Zuerst sieht man nur den recht hohen Stundenlohn. Doch nach und nach erfährt man, wie viel oder besser wie wenig davon nach allen Abzügen nur übrig bleibt. Da sind zunächst die eigene Kranken-, Berufsunfähigkeits- und vor allem die Betriebshaftpflichtversicherung, die ich jeden Monat bezahlen muss, egal wie viele Aufträge ich gerade habe. Dazu noch der Steuerberater und und und.«

MB: »Also bereust du den Schritt?«

Kollegin: »In erster Linie bin ich schon selbstbestimmter als zuvor, doch der Verwaltungsaufwand macht das Ganze zu kompliziert.«

MB: »Kannst du denn wenigstens von den Einnahmen dein Leben bestreiten?«

Kollegin: »Das geht mehr schlecht als recht, weil die Abgaben einfach zu hoch sind. Ich bin jetzt sechs Tage in der Woche meist in Doppelschichten unterwegs, d.h. jeden Tag von morgens 6 bis meist 20 Uhr, und das reicht gerade, um die Kosten zu begleichen. Am Sonntag arbeite ich noch auf 400-Euro-Basis in einem Altenheim, um überhaupt über die Runden zu kommen.«

MB: »Hört sich ja nicht so gut an. Wärst du lieber wieder bei einer Firma angestellt?«

Kollegin: »Ach weißt du, da mach ich dann stetig Überstunden, die ich auch nicht bezahlt bekomme, und am Ende bleibt auch nur noch der 400-Euro-Job, um zu überleben. So bin ich wenigstens mein eigener Herr!«

Während ich mit den Kleinwagen des Pflegeunternehmens unterwegs bin, fährt die selbstständig arbeitende Kollegin mit ihrem eigenen PKW.

Pflegequalität statt Zeitplan

Um etwas mehr über die Arbeit als freiberufliche Pflegekraft zu erfahren, informiere ich mich bei einem Verbund von qualifizierten freiberuflichen Pflegefachkräften und Pflegehelfern. Das *medizinische Netzwerk* besteht seit 2008 in Berlin und basiert auf gegenseitiger Unterstützung, Teamwork und Engagement der dort beteiligten Pflegekräfte. Von ihnen wird ein breites Angebot mit fachlicher und sozialer Kompetenz für kurzfristige oder langfristige Einsätze geboten. Folgende Fragen stellte ich an die Geschäftsführerin Sandra Sievers:

1. Was ist eine freiberufliche Pflegekraft?
Freiberufliche Pflegekräfte arbeiten als kleine Einmenschfirmen auf eigene Rechnung. Sie haben das traditionelle Angestelltenverhältnis und damit verbundene Sicherheiten aufgegeben, um im Gegenzug den Wert und die Ausführung ihrer Arbeit selbst zu bestimmen.

2. Welche Vorraussetzungen müssen erfüllt sein, um eine selbstständige Pflegekraft zu werden?
Wir unterscheiden zwischen Pflegefachkräften, also examinierten Krankenschwestern, Krankenpflegern, AltenpflegerInnen und Pflegehelfern. Je nach Ausbildung muss man natürlich Ausbildungsnachweise vorweisen können.
Darüber hinaus sind sie verpflichtet, sich beim jeweiligen Gesundheitsamt anzumelden und mindestens an vier Fortbildungen im Jahr teilzunehmen.
Wichtig zur rechtlichen Absicherung ist eine Berufshaftpflichtversicherung, die momentan noch ca. 140 Euro im Jahr beträgt. Und wie bei jedem Freiberufler erwartet natürlich das Finanzamt auch eine Anmeldung.

3. Wie sieht der Alltag dann aus?
Der Alltag besteht aus zwei verschiedenen Hauptaktivitäten:
a) der Kundenakquise: Entweder sucht sich die Pflegekraft einen Vermittlungsdienst, der den Kontakt mit den Pflegeeinrichtungen

herstellt, oder sie sucht sich selbst Auftraggeber, putzt also Klinken. Aufträge können extrem spontan und kurzfristig sein, d.h. man wird morgens um 10.00 Uhr angerufen, um einen Spätdienst am selben Tag um 13:30 Uhr zu machen. Man hat eine gewisse Dauerbereitschaft. Stammkunden buchen auch gerne im Voraus für den Dienstplan des nächsten Monats.

b) der Pflege an sich: In der Regel müssen die Pflegekräfte ein hohes Maß an Flexibilität aufweisen. Bei Neukunden gibt es zumeist keine Einarbeitungszeit, sondern eine knappe Einweisung in die Betriebsabläufe und eventuell eine kurze Patientenübergabe. Man wird ins kalte Wasser geworfen und der Kunde erwartet, dass man den Job professionell erledigt.

4. *Welche Risiken trägt die Pflegekraft im täglichen Einsatz?*
Prinzipiell das gleiche Risiko, das auch angestellte Pflegekräfte tragen. Pflegekräfte arbeiten in einem Bereich, in dem auch geringe Fehler Schaden an der Gesundheit anderer anrichten können. Wir müssen bei jeder pflegerischen Handlung überprüfen, ob wir sie fachlich richtig ausführen können und auch dürfen. Gegebenenfalls müssen wir bestimmte Tätigkeiten auch ablehnen und an die Ärzte zurückdelegieren, denn wir sind selbstverständlich haftbar im Sinne des Strafrechts für unser Handeln.
Zivilrechtlich sind wir über die Berufshaftpflichtversicherung geschützt.

5. *Gibt es dafür Versicherungen und wenn ja, was kostet der Beitrag?*
Momentan 140 Euro im Jahr. Man sollte hinzufügen, dass eine uns verwandte Berufsgruppe, die Hebammen, momentan über horrende Versicherungsbeiträge dazu gezwungen werden, wieder ins Angestelltenverhältnis zurückzugehen. Meine Befürchtung ist, dass die Versicherungen sukzessive auch unsere Beiträge stark anheben werden.

6. *Als Unternehmer sind sie buchführungspflichtig, wie bewältigen Sie neben der Pflege noch die zusätzliche Verwaltung der Selbstständigkeit? Benötigen Sie einen Steuerberater?*
Mit ein wenig Interesse für das deutsche Steuerrecht sollte man durchaus in der Lage sein, die Finanzbuchhaltung selbst zu machen.

Unserer Erfahrung nach beraten Steuerberater nicht, stellen aber horrende Honorarrechnungen. Fazit: Man macht das Meiste selbst und lässt den Steuerberater am Ende des Tages den Stempel unter den Abschluss machen.

7. Wie sichern Sie sich für das Alter ab?
Eine private Altersvorsorge ist leider unerlässlich. Variante A: die freiwillige Beitragzahlung in die gesetzliche Rentenversicherung. Variante B: eine Rürup-Versicherung abschließen. Oder alternativ diverse Absicherungen für das Alter.

8. Kann man nach Abzug der Ausgaben von der Arbeit leben?
Ja, wenn die Aufträge aufeinanderfolgend und regelmäßig sind, schon. Allerdings bleibt immer ein unternehmerisches Risiko. Eine vollständige Sicherheit gibt es, selbst in einem Angestelltenverhältnis, nicht. Im Laufe seiner Freiberuflichkeit, durch die Qualität seiner Arbeit, baut man sich einen Stammkundenkreis auf. Dieser sichert wiederum die Existenz und den Lebensunterhalt.

9. Wie viele Stunden muss die Pflegekraft dafür im Monat arbeiten?
Der Stundensatz für eine freiberufliche Pflegefachkraft liegt momentan bei 30 Euro.
Zuschläge werden separat berechnet und werden an den Wochenenden sowie bei Nachtarbeit und an Feiertagen noch erhoben.
Wie hoch die Fixkosten und der tägliche Bedarf an Stunden sind, kann sich jeder Freiberufler selber definieren.

10. Welchen Vorteil sehen Sie gegenüber einer Festanstellung?
Die persönliche Freiheit darüber zu entscheiden, ob man einen Auftrag annimmt oder nicht. Seine Freizeit zu planen und sein Einkommen zu bestimmen. Mehr Qualität in seiner Arbeitsleistung und im Umgang mit seinen Patienten.
In einem Angestelltenverhältnis unterliegt die Pflegekraft einem »Zeitplan« für jeden Patienten. Der Angestellte kann also gar keine qualitativ »gute Pflege« an dem Patienten erbringen. Ein Freiberufler unterliegt in erster Linie der Qualität einer Arbeit. Ergo, eine

freiberufliche Pflegekraft wird sehr viel gewissenhafter und sorg-
fältiger ihren Auftrag erfüllen. Die Patienten profitieren davon –
schlussendlich auch das Unternehmen.

11. *Können Sie sich erlauben auch einmal krank zu sein oder einen*
    Urlaub einzulegen?
Ja, auch das ist möglich. Allerdings ist der Krankenstand bei einem
Freiberufler extrem niedrig. Da ein Krankheitsfall gleich Verdienst-
ausfall nach sich zieht.
Urlaub ist wichtig, da dies die Arbeitskraft erhält und stärkt.

12. *Wie bilden sich freiberufliche Kräfte weiter?*
Momentan lassen sich die meisten Freiberufler extern fortbilden.
Unser Verbund hingegen ist im Begriff, eine eigene Akademie zu
gründen, um regelmäßige Fortbildungen zu garantieren. Dafür nutzen wir die Ressourcen der unserem Verbund angeschlossenen besonders qualifizierten Freiberufler (Wundmanager, Pflegedienstleitung, Qualitätsbeauftragte, usw.).

13. *Welche Risiken trägt der Auftraggeber?*
Eine Schwierigkeit ist, dass der Freiberufler die Patienten und deren
Eigenheiten in der Versorgung nicht kennt. Der Stationsablauf und
die Kollegen sind ihm unbekannt. Die ersten drei Tage sind für den
Freiberufler am schwersten, er muss sich schnellstmöglich in die
Abläufe integrieren und gleichzeitig eine qualitativ sehr gute Leis-
tung erbringen. Also ist das Zeitmanagement für die Station in den
ersten drei Tagen nicht garantiert.
Der Auftraggeber haftet für die ordnungsgemäße Durchführung der
pflegerischen Versorgung seiner Patienten.
Allerdings unterliegt der Freiberufler nicht der Weisungsbefugnis
der Leitung der Station.

14. *Besteht hier nicht die Gefahr einer Scheinselbstständigkeit, falls*
    man nur einen Auftraggeber hat?
Ja, wenn man nur einen Kunden hat, besteht die Gefahr immer.
Allerdings ist bei ca. 500 Pflegediensten in Berlin und ca. 350 sta-
tionären Einrichtungen die Gefahr nicht gegeben.

Im Durchschnitt hat ein Freiberufler ca. fünf bis acht Stammkunden nach einer »Aufbauphase« von etwa sechs bis zwölf Monaten.

15. Würden Sie aufgrund ihrer Erfahrung auch Ihren Kollegen raten, diesen Schritt zu gehen?
Es ist zumindest eine Alternative zu einem Angestelltenverhältnis. Ein Freiberufler hat einen höheren Stundensatz, immer eine Option und eine psychologische Freiheit. Zudem kommt noch eine größere Arbeitszufriedenheit dazu. Durch mehr Gestaltungsmöglichkeit seiner Arbeitsweise und mehr Qualität seiner »Arbeit« am Menschen. Vorteile und Nachteile sind in einem Angestelltenverhältnis sowie in der Freiberuflichkeit zu finden. Welchen Weg jeder Mensch geht, ist ihm überlassen.

16. Wo finden freiberufliche Pflegekräfte Unterstützung?
Weder in der Politik (dass sich Pflegekräfte selbstständig machen und endlich ihre Preise selbst bestimmen war nie vorgesehen) noch bei den Krankenkassen (immerhin sind das die Institutionen, die für die Pflege immer weniger ausgeben wollen), noch von der Lobby der Geld machenden Heimbetreiber und Pflegedienstinhaber, die seit Einführung der Pflegeversicherung das System gnadenlos geschröpft haben – auf Kosten der Alten und Kranken und stets und ständig auf dem Rücken des Pflegepersonals.
Ergo: Unterstützung und Anerkennung gibt es vielleicht, in der kleinsten Form, in einer Gemeinschaft. Nur wer sich zusammenschließt und damit eine gewisse Größe erreicht, kann eventuell die Interessen der Freiberufler vertreten.

Benutzt und ausgenutzt

Auf meiner Liste waren noch fünf weitere Kunden abzuarbeiten, und nachdem alle Tätigkeiten erledigt waren, fuhr ich gegen 15:30 Uhr zurück zum Auftraggeber. Hier erwartete mich schon ganz hektisch die Kollegin vom Spätdienst, die erst nach der Schlüsselübergabe ihren Dienst beginnen kann. Ich notierte mir noch die Einsatzstunden und kopierte zu meiner Sicherheit auch noch den Einsatzplan. Wusste ich doch schon aus meiner bisherigen Erfahrung, dass erst am Ende der Woche der Kampf um die tatsächlich geleisteten Stunden beginnen wird.

Bereits nach weiteren zwei Einsatztagen war meine Arbeit für diesen kleinen Betrieb beendet. So musste ich mich schon wieder auf einen neuen Auftraggeber mit neuen Kunden vorbereiten. Der stetige Wechsel fiel mir immer schwerer, und ich versuchte schon gar nicht mehr, einen persönlichen Kontakt zu den mir anvertrauten pflegebedürftigen Menschen aufzubauen.

So war der erste Monat schnell vorbei und an der Zeit, eine kleine Bilanz für den Einsatz in Hannover zu ziehen. An den 21 Einsatztagen hatte ich genau 181,5 Arbeitsstunden geleistet, wovon ich allerdings lediglich 126 Stunden tatsächlich entlohnt bekomme. Bei einem Stundenlohn in der Zeitarbeit von 7,60 Euro, wies mein Lohnzettel 957,60 Euro Bruttolohn aus. Nach Abzug der Lohnsteuer sowie der gesetzlichen Renten- und Krankenversicherung blieben mir genau 749 Euro netto.

Davon die Kosten für meine Wohnung in Höhe von 380 Euro abgezogen, blieben mir noch 369 Euro übrig. Das entspricht nahezu dem Betrag, der einem ledigen Hartz-IV-Empfänger laut Gesetz zusteht. Wer in der Pflege mehr als diesen Hungerlohn verdienen möchte, muss sich schon nach amerikanischem Vorbild noch eine zusätzliche Arbeitsstelle besorgen. Bei den meisten Kollegen ist dies ein so genannter 400-Euro-Job, der in vielen Fällen beim gleichen Arbeitgeber ausgeführt wird.

Da in den bisherigen Pflegeunternehmen mehr als genug

Arbeit vorhanden war, kann man daraus schließen, dass die Unternehmen durch die Kürzung der Arbeitszeit von 40 auf 30 Stunden in der Woche in erster Linie Steuern und Sozialabgaben einsparen möchten. Die fehlenden Stunden werden in den meisten Fällen unentgeltlich von den Pflegekräften geleistet. Darüber hinaus bietet das Pflegeunternehmen meist noch einen Aushilfsjob auf 400-Euro-Basis an, da hier die Steuer- und Abgabenbelastungen erheblich geringer sind.

So verlasse ich Hannover mit dem Gefühl, als Pflegekraft wieder einmal benutzt und ausgenutzt worden zu sein.

Eine neue Herausforderung – Hauspflege rund um die Uhr

Im Ruhrgebiet zahlten sich meine freundschaftlichen Verbindungen zu vielen Menschen bei meiner neuen Wohnungssuche aus. So beschaffte mir ein ehemaliger Leiharbeitskollege ein kleines, aber recht feines Zimmer in einer Familienpension in der Nähe von Dortmund.

Die alteingesessene Familie bot in erster Linie für Montagearbeiter einen Rundum-Service. In der 600-Euro-Miete waren sowohl eine wöchentliche Reinigung wie zwei Mahlzeiten pro Tag enthalten. Ein All-inclusive-Angebot, das mir meinen nächsten Einsatz in der ambulanten Pflege erleichtern sollte. Schließlich war ich die Arbeit im Pflegebereich gewohnt und wusste genau, wie fertig man von jedem Dienst nach Hause kommt. Meist ist man so ausgebrannt, dass man kaum in der Lage ist, sich selbst noch etwas Vernünftiges zu kochen oder gar seine Wohnung aufzuräumen.

Meine üblichen zwei Rucksäcke mit meinem wenigen Hab und Gut waren schnell ausgepackt. Wie üblich – mein erster Weg führte in die nächste Agentur für Arbeit. Im Berufsinformationszentrum informierte ich mich an den bereitgestellten Computern über das aktuelle Stellenangebot in der ambulanten Pflege. Mittlerweile wunderte ich mich kaum noch, dass mehr als 80 Prozent der angebotenen Arbeitsstellen von so genannten Leiharbeitsfirmen ausgeschrieben wurden. Die restlichen 20 Prozent waren zwar Angebote von Pflegeunternehmen, die Verdienste gingen aber leider nicht über einen 400-Euro-Job hinaus.

So entschied ich, mich in den verschiedenen Tages- und Wochenzeitungen umzuschauen. Doch auch hier war das Angebot nicht vielfältiger als bei der ARGE. In einer der wöchentlich erscheinenden Blätter entdeckte ich jedoch eine interessante Stellenanzeige.

»Für unseren pflegebedürftigen Vater suchen wir mehrere flexible Pflegekräfte, um ihn in seinen eigenen vier Wänden 24 Stunden zu pflegen und zu betreuen. Erfahrungen im pflegenden Bereich sind dabei von Vorteil. Ein nettes und freundliches Wesen ist unbedingte Voraussetzung. Bei Interesse bitte sofort melden! Nur deutsche Bewerber!«

Noch am gleichen Tag wählte ich die angegebene Handynummer, doch erhielt zunächst nur eine Mailbox-Ansage. Abends versuchte ich es erneut, und nun hatte ich Erfolg.

MB: »Ich melde mich auf das Stellenangebot in der Zeitung.«

Sohn: »Oh, sehr schön! Wir suchen dringend Pflegekräfte für die Versorgung von meinem Vater.«

MB: »Und wie haben Sie sich das vorgestellt?«

Sohn: »Er muss ganze 24 Stunden betreut werden. So wäre es uns am liebsten, wenn Sie bereit wären, in sein Haus mit einzuziehen.«

MB: »Also eine wirkliche Rund-um-Versorgung. Das ist recht zeitaufwändig, wie wollen Sie das organisieren?«

Sohn: »Ich dachte, mindestens zwei Personen einzustellen, die sich im 14tägigen Wechsel um meinen Vater kümmern.«

MB: »Also 14 Tage am Stück arbeiten und dann zum Ausgleich 14 Tage frei, wenn ich Sie richtig verstehe?«

Sohn: »Ja genau. Sie bekommen den ganzen Monat entlohnt, obwohl Sie nur zwei Wochen arbeiten.«

MB: »Hört sich zunächst verlockend an, doch in den 14 Tagen Einsatz leiste ich ja quasi 24 Stunden am Tag. Wie wollen Sie das entlohnen?«

Sohn: »Ich dachte an einen festen Monatslohn, über die Stunden können wir das wohl nicht abrechnen. Schließlich arbeiten Sie ja nicht die ganzen 24 Stunden. Sie schlafen ja auch und können sich bestimmt auch zwischendurch mal erholen.«

MB: »Und welchen Betrag haben Sie sich vorgestellt?«

Sohn: »Ich würde vorschlagen, dies in einem persönlichen Gespräch unter vier Augen zu klären. Schauen Sie sich doch zunächst einmal meinen Vater und das Haus an, und dann sehen wir weiter.«

Pflege in der Oberschicht

Als ich die ersten Häuser im Siedlungsgebiet am Rande der Stadt erreichte, war allein an deren Größe und Ausstattung zu sehen, dass hier die Oberschicht lebte. Keines der Grundstücke war kleiner als 2000 Quadratmeter, und bei den meisten Häusern waren Überwachungskameras installiert und zusätzlich die Grundstücke mit hohen Zäunen abgesichert. Meine Meinung wurde wieder einmal bestätigt: Wer genügend Reichtum in unserem Land angesammelt hat, muss meist viel Geld investieren, um diesen auch zu beschützen.

In einer kleinen Querstraße fand ich das Haus des zu pflegenden Mannes. Natürlich war ich sehr gespannt, ihn kennenzulernen. Bisher war mir über seinen gesundheitlichen Zustand wenig bekannt, und dieser ist nun einmal entscheidend für den täglichen Pflegeeinsatz. Als ich das große

Grundstück mit den vielen Pflanzen sah, dachte ich: Na, hoffentlich muss ich hier nicht auch noch die Pflanzen pflegen.

Vor der großen Doppelgarage stand ein schwarzes Mercedes-Cabrio in voller Lederausstattung und mit einer Musikanlage versehen, die allein schon den Wert meines Autos überstieg. Dabei war dies sicher nur eines der »Schönes Wetter«-Fahrzeuge. An Geld, so mein erster Eindruck, sollte es hier wohl nicht mangeln. Doch wer den einen oder anderen gutbetuchten Menschen bereits kennengelernt hat, weiß, dass gerade hier das Personal nicht allzu viel zu erwarten hat. Schließlich musste man ja irgendwie an den ganzen Reichtum gelangt sein. Mit diesen Gedanken stellte ich mich schon jetzt auf sehr harte Gehaltsverhandlungen ein.

Der circa 200 Quadratmeter Wohnfläche bietende Bungalow wies allein durch seine prunkvolle Fassade auf einen wohlhabenden Besitzer hin. Ich war sehr erleichtert, dass der Bungalow auf nur einer Wohnebene erbaut worden war. Somit war wenigstens kein Etagenwechsel vorzunehmen, der je nach Behinderung zu einer enormen körperlichen Belastung führen kann.

Der in Armani gekleidete Sohn war etwa in meinem Alter. Seine Hände waren zart, ohne Spuren harter Arbeit. Sein Händedruck bei der Begrüßung war schlaff.

Zunächst führte mich der eloquente Junior durch die recht großen Räume des Bungalows und zeigte mir den Wohnraum der zukünftigen Pflegekräfte. In einem 30 Quadratmeter großen Raum mit anschließendem Badezimmer befanden sich ein französisches Bett, ein Kleiderschrank, ein kleines Sofa, ein Schreibtisch und ein neuwertiger Computer. Die Ausstattung des Raumes ließ wirklich keine Wünsche offen. Durch eine große Glasschiebetür kam man direkt auf die Terrasse, und im Badezimmer stand eine dreieckige

Luxusbadewanne mit Whirlpoolfunktion. Ein kleiner Fitnessraum mit den neusten Geräten und eine Vier-Mann-Sauna sorgten bei mir für weiteres Erstaunen, aber auch für Misstrauen. So viel Komfort für die Pflegeperson war ich nicht gewohnt.

Der zu pflegende alte Herr befand sich in einem ebenso großen Zimmer im hinteren Teil des Hauses, das bereits für die professionelle Pflege vorbereitet war. Auch hier grenzte ein Badezimmer an, ausgestattet mit Regenwasserdusche und erhöhtem WC. In der Ecke standen ein noch ungebrauchter und originalverpackter Rollator und zwei Krücken. Der Mann selbst lag in einem nagelneuen Pflegebett auf einer qualitativ hochwertigen Anti-Dekubitus-Matratze. Daneben stand ein ebenfalls neuwertiger Pflegestuhl mit allen erdenklichen Extras.

Da konnte ich wieder einmal wieder sehen, was eine private Krankenversicherung möglich macht. Um diese Pflegeutensilien von einer gesetzlichen Krankenkasse erstattet zu bekommen, benötigt man jahrelangen intensiven Schriftverkehr und einen langen Atem, den Anspruch darauf durch alle Instanzen durchzukämpfen. Geld macht eben so manches einfacher im Leben, auch in der Pflege!

Zu diesem Zeitpunkt lag der alte Herr noch in seinem Pflegebett. Ein Schlaganfall hatte ihn vor drei Monaten zu einem pflegebedürftigen Menschen gemacht. In der Rehabilitationsklinik hatte man es bereits geschafft, den rechtsseitig gelähmten Mann so aufzubauen, dass er wieder aufrecht sitzen und sich mit einem sehr gequälten Ja oder Nein äußern konnte.

Seine rechte Körperhälfte war fast komplett gelähmt, sowohl die rechte Gesichtshälfte als auch der Arm hingen merklich nach unten. Dem Herrn war sofort anzumerken, dass ihm diese hilflose Situation mehr als peinlich war. Obwohl wir mehrfach versuchten, ihn anzusprechen, ignorierte er mich und sogar seinen Sohn, vielleicht aus Scham.

Danach führte mich der Sohn noch in die alte Granitküche, versehen mit allen Geräten, die sich ein Haushalt wünscht.

Sohn: »So, das wäre Ihr Arbeitsbereich. Können Sie sich vorstellen, hier zu arbeiten und meinen Vater zu pflegen?«

MB: »Kann ich schon, kommt allerdings noch auf die Bezahlung an. Was haben Sie sich vorgestellt?«

Sohn: »Ich dachte so an 1500 Euro im Monat.«

MB: »Brutto oder netto?«

Sohn: »Brutto natürlich. Ich benötige ja schließlich noch eine zweite Pflegekraft, damit Sie auch wechseln können. Da kann ich eben nicht mehr als diesen Betrag ausgeben.«

MB: »Das ist für den Stundeneinsatz sehr wenig. Immerhin bin ich in den 14 Tagen komplett hier anwesend. Da kommt schon einiges an Stunden zusammen.«

Sohn: »Dafür haben Sie ja auch zwei Wochen frei, das ist doch ein guter Ausgleich. Außerdem wohnen Sie hier kostenlos und können auch problemlos mitessen.«

MB: »Entschuldigung, aber wer bereitet das Essen zu?«

Sohn: »Das gehört natürlich zu Ihren Aufgaben.«

MB: »Also nicht nur die Pflege, sondern auch hauswirtschaftliche Arbeit. Da kann ich ja nur hoffen, dass wenigstens jemand zum Putzen und für die Wäsche kommt.«

Sohn: »Eigentlich ist das alles Ihre Arbeit. Was wollen Sie denn sonst hier den ganzen Tag machen? Seien Sie doch froh, dass Sie wenigstens eine Beschäftigung haben.«

MB: »Glauben Sie mir, mit der Pflege Ihres Vaters werde ich schon genug zu tun haben. Daneben noch den gesamten Haushalt erledigen – das kann ich nicht für den genannten Lohn machen.«

Sohn: »Gut, dann suche ich eben weiter, bis ich die passende Person gefunden habe. Wir haben so viele Arbeitslose, da sehe ich kein Problem.«

MB: »Dann wünsche ich Ihnen viel Glück dabei. Wie viele haben sich denn bisher auf Ihre Anzeige gemeldet?«

Sohn: »Außer Ihnen noch niemand, aber das wird schon.«

Immer geht es um das Geld

In meinem kleinen Zimmer der Familienpension angekommen, ging mir das Gespräch mit dem Sohn einfach nicht aus dem Kopf. Da sucht er zunächst lediglich eine Pflegekraft, die bei dem gesundheitlichen Zustand des alten Herrn schon gut beschäftigt ist. Ganz nebenbei soll dann noch der komplette Haushalt bewältigt werden, eine Tätigkeit, der immer noch zu wenig Wert beigemessen wird. Diese Art von Arbeit wurde doch wie selbstverständlich von unseren Müttern erledigt, und es fehlt in vielen Köpfen immer noch das Verständnis für den enormen Arbeitsaufwand. Allein das große Einfamilienhaus sauber zu halten, ist mindestens ein ganzer 400-Euro-Job, und da ist von Einkaufen, Essen zubereiten und der Erledigung der kompletten Wäsche noch gar keine Rede.

Es würde mich wundern, wenn er tatsächlich eine deutsche Arbeitskraft findet, die dazu bereit wäre. Bei den angebotenen 1500 Euro würden am Ende des Monats nach Abzug der Sozialversicherung genau 1029 Euro übrig bleiben. Gewiss, im Vergleich zu den bisherigen Löhnen in der ambulanten Pflege ein Betrag, von dem man wenigstens sein Leben bestreiten könnte, doch ist der Aufwand sowohl physisch als auch psychisch erheblich größer.

So entschied ich, mich besser weiter umzusehen und zur

Not auch wieder bei einer Leiharbeitsfirma anzuheuern. In der darauf folgenden Woche hatte ich dann auch einige Bewerbungsgespräche vereinbart und war guten Mutes, schnell wieder in Arbeit zu sein.

Als ich nach dem Wochenende gerade auf dem Weg zur ersten Leiharbeitsfirma war, klingelte mein Telefon. Der Sohn des gutbetuchten, pflegebedürftigen Herrn klang schon etwas verständnisvoller und bat mich dringend um ein weiteres persönliches Gespräch. Bisher hatte sich, wie von mir bereits vermutet, noch keine einzige Pflegekraft bei ihm gemeldet. Mittlerweile stand er mehr und mehr unter zeitlichem Druck, den ich natürlich verspürte und bei den Gehaltsverhandlungen für mich nutzen wollte.

Am nächsten Tag war es dann auch soweit und wir trafen uns zum zweiten Mal im Haus seines Vaters.

Sohn: »Also ich habe mir das mit dem zusätzlichen Arbeitsaufwand noch einmal durch den Kopf gehen lassen und auch noch einmal mit meiner Frau Rücksprache gehalten. Wir sind zu dem Entschluss gekommen, Ihnen insgesamt 2000 Euro brutto anzubieten. Das sind immerhin knapp 1400 Euro netto für 14 Tage Arbeit.«

MB: »Es freut mich, dass Sie den Mehraufwand durch die Hausarbeit anerkennen. Unter diesen Umständen würde ich Ihr Angebot annehmen. Wann soll ich mit der Arbeit beginnen und was benötigen Sie von mir an Unterlagen?«

Sohn: »Von mir aus sofort! Ich werde Sie dann von meinem Steuerberater anmelden lassen, dafür benötige ich Ihre Lohnsteuerkarte und Sozialversicherungsnummer. Dann kann es losgehen!«

MB: »Gut, dann würde ich vorschlagen, dass ich morgen mit der Arbeit beginne. Alle notwendigen Unterlagen bringe ich mit.«

50 Euro pro Woche für Verpflegung

So packte ich wieder meine sieben Sachen zusammen und zog wie vereinbart in den exklusiven Bungalow von Herrn M. ein. Ich war selbst gespannt, ob ich durch intensive Betreuung und Pflege des alten Herrn verloren gegangene Funktionen wieder aktivieren konnte und welche, vielleicht auch unüberwindbaren, Hürden jetzt vor mir lagen.

Zunächst musste der leere Kühlschrank gefüllt werden. Für die Einkäufe hatte mir der Sohn sein altes Mountainbike zur Verfügung gestellt, das neben dem AMG Mercedes des alten Herrn stand. Natürlich wären mir die Einkäufe mit dem Auto leichter gefallen, weil die Discounter mehr als zwei Kilometer entfernt lagen. Doch dies war zunächst kein Thema.

Nachdem ich die vom Sohn erhaltenen 50 Euro für die wöchentlichen Einkäufe komplett in Lebensmittel umgesetzt hatte, war der Kühlschrank bis zur Hälfte gefüllt. Selbstverständlich musste ich sämtliche Einkaufsbelege aufbewahren und am Ende der Woche gemeinsam mit dem Sohn abrechnen. So kamen zu der eigentlichen Pflegetätigkeit nicht nur die Haushaltsführung, sondern auch noch Aufgaben eines Betreuers auf mich zu.

Zunächst konzentrierte ich mich auf das Mittagessen. Wie gesagt, Herr M. war rechtsseitig gelähmt, und hierdurch waren auch sein Mund und Kiefer stark in Mitleidenschaft gezogen. Die komplette rechte Gesichtshälfte hing merklich nach unten, und durch die dadurch entstehende Lücke zwischen Ober- und Unterlippe lief ihm ständig Speichel aus dem Mund. Das Ganze war ihm höchstpeinlich, und er hätte die stetig nassen Pullover gern selbst gewechselt, wenn er dazu in der Lage gewesen wäre.

Auch die Eingabe des Mittagessens war dadurch nicht gerade einfach. Wobei ich mir zunächst gar nicht so sicher war, was mir mehr Arbeit bereitete – seine Behinderung oder seine Scham. Jedes Mal, wenn wieder einmal ein Stück zerkauter Essensreste aus der Mundlücke auf den Boden fiel, wäre er am liebsten im Boden versunken.

Es kostete viel Zeit und vor allem Redetalent, Herrn M. davon zu überzeugen, trotzdem weiterzuessen. Doch hier hatte ich diese Zeit endlich einmal und stellte sehr schnell fest, wie hilfreich dies doch im Umgang mit den täglichen Problemen im Pflegealltag ist. Hier musste ich nicht in aller Hektik das Essen fast zwangsweise eingeben, sondern konnte mir auch mal zehn Minuten Zeit lassen, um den nächsten Löffel zum Mund zu führen. Dabei verspürte ich selbst eine innere Ruhe, weil nicht mehr als 15 pflegebedürftige Menschen auf mich angewiesen waren, sondern diesmal nur einer.

So sah ich es als eine meiner ersten Aufgaben an, alles daran zu setzen, Herrn M. mehr Selbstständigkeit zu vermitteln, zum Beispiel, wieder allein essen zu können. Dafür nutzte ich nicht nur meine bisherige Erfahrung im pflegerischen Bereich, sondern auch alle meine Kontakte zu Experten der Pflegeszene.

Ein befreundeter Arzt besorgte mir spezielle Wattestäbchen zur Stimulation der Zunge. Ich legte diese in den Gefrierschrank. Nachdem sie an der Spitze gefroren waren, konnte ich sie einsetzen, um Zunge und Mundwinkel des Herrn M. zu stimulieren. Sie schmeckten zu meinem Glück etwas nach Zitrone, und das kam bei ihm so richtig gut an. So erfuhr ich ganz nebenbei seine Vorliebe für sämtliche Zitrusfrüchte und konnte den Ernährungsplan darauf abstellen.

Bereits nach zwei Tagen erzielte ich somit die ersten kleinen

Erfolge. Scheinbar hatte er mit Hilfe der Wattestäbchen sein durchaus vorhandenes Gefühl in Zunge und rechter Wange wiederentdeckt. Durch dieses wiedergewonnene Vertrauen löste sich irgendwann langsam aber sicher das Schamgefühl, das mich gerade in den ersten Tagen bei den Pflegearbeiten ziemlich behindert hatte. Jetzt war selbst das Waschen im Bett für Herrn M. kein Problem mehr.

Bei meinen ersten Versuchen, ihn im Bett zu waschen, verkrampfte er so stark, dass nur eine oberflächliche Katzenwäsche möglich war. Er musste auch nicht unbedingt im Bett bleiben, schließlich war er ja nur halbseitig gelähmt und ein nagelneuer Pflegestuhl stand bereit. Nur, wie sollte ich den schweren Mann da hineinbekommen?

Also legte ich mir einen gewissen Tagesplan für die ersten zwei Wochen zurecht. Ziel war, die Mobilität des alten Herrn zu verbessern, damit er nicht den ganzen Tag in seinem Bett liegen musste. So stand ich jeden Morgen um 7 Uhr mit dem Frühstück an seinem Bett. Mit geübten Griffen fasste ich Kniekehle und Nacken und brachte ihn in eine aufrechte Sitzhaltung. Anfangs spielte sein Kreislauf noch nicht mit, und er sackte immer wieder in eine liegende Haltung zurück. Doch als sein Körper sich nach wenigen Tagen daran gewöhnt hatte, saß er leicht zur rechten Seite hängend, aber stabil am Bettrand.

Bereits nach einer Woche hatte er so viel Vertrauen zu sich, aber auch zu mir gewonnen, dass er sich mit dem alleinigen Sitzen auf der Bettkante nicht mehr zufrieden gab. Immerhin war die linke Körperhälfte kaum betroffen und er sicherlich in der Lage, zumindest auf diesem Bein zu stehen. Lediglich das Selbstvertrauen und der Mut hatten dem alten Herrn bisher gefehlt.

Am heutigen Tag war es allerdings soweit, bereits nach nur

sieben Tagen intensiver Betreuung wollten wir den ersten gemeinsamen Versuch starten. Zuvor ließ ich ihn eine halbe Stunde am Bettrand sitzen, und erst als er durch ein deutliches Kopfnicken das Startzeichen gab, fasste ich unter seine rechte Schulter und unterstützte ihn dabei, sein Gleichgewicht nicht zu verlieren. Mit einem kurzen Ruck hievte ich ihn dann auf, und er stand zu unser beiderseitigem Erstaunen schon relativ sicher auf dem linken Bein.

Noch fehlte ihm der Gleichgewichtssinn, und ohne meine Hilfe wäre er schnell zur rechten Seite gekippt. So griff er mit der linken Hand an die Lehne des Pflegestuhls, um kurz Halt zu bekommen. Dann drehte er sich, gestützt auf der linken Ferse, in Richtung Sitzfläche und plumpste etwas unsanft in den Stuhl. In diesem Moment wich die komplette Anspannung, und ich hatte das Gefühl, die ersten Anzeichen von Freude zu sehen.

Ich fuhr ihn auf seine große Sonnenterrasse und deckte den Tisch mit Kaffee und Kuchen. Heute war Sonntag, und der Sohn hatte sich zu Besuch angemeldet. Den erwartete auch ich dringend, denn natürlich hatten die 50 Euro Haushaltsgeld für die erste Woche nicht ausgereicht. Ich musste Geld aus meiner eigenen Tasche vorstrecken. Da der Sohn sowohl die gesundheitliche als auch die wirtschaftliche Betreuung direkt nach dem Schlaganfall seines Vaters an sich gerissen hatte, verwaltete er das Vermögen. Und eines hatte ich in den Gesprächen mit ihm bislang deutlich vernommen: Er wollte davon so viel wie möglich für sein Erbe retten. Zudem war ich gespannt, was er zu dem deutlichen Fortschritt seines Vaters sagen würde.

Kurz vor 16 Uhr fuhr sein Sohn im schönen Cabrio vor, und allein seine Körpersprache und hektischen Bewegungen zeigten mir, dass er nicht lange bei uns bleiben würde. Schon stand er vor uns auf der Terrasse, die Anwesenheit seines

Vaters ignorierte er dabei völlig. Der alte Herr war seit Stunden voller Vorfreude, schließlich wollte er seinem Sohn stolz zeigen, dass er in der Lage war, das Bett zu verlassen.

Sohn: »Ich habe nicht viel Zeit. Haben Sie die Einkaufszettel und sonstigen Belege für mich?«

MB: »Ja, hier im Schnellhefter. Allerdings reichen die 50 Euro für die Woche nicht aus, allein für die Lebensmittel und Getränke habe ich schon 60 Euro ausgegeben. Dazu noch die ganzen Hygienemittel, dann kommen wir schon auf 80 Euro, die ich in der Woche benötige.«

Sohn: »Dafür bekommen Sie ja jetzt mehr Gehalt. Dann kann ich wohl auch verlangen, dass Sie etwas hinzugeben. Hier sind 50 Euro, und wenn Sie noch den Erhalt quittieren, bin ich auch gleich schon wieder verschwunden.«

MB: »Noch eine Sache: Wann kann ich mit meiner Ablösung rechnen?«

Sohn: »Wie vereinbart in der nächsten Woche, und jetzt bis zum nächsten Sonntag ihr beiden!«

Ohne sich seinem Vater noch einmal persönlich zuzuwenden, drehte er sich um und verschwand genauso schnell, wie er gekommen war. Zurück ließ er nicht nur einen frustrierten Pfleger, sondern vielmehr einen depressiven alten Herrn, der seine Enttäuschung über das gerade Erlebte nicht verbergen konnte. Wie hatte Herr M. sich auf den Besuch seines Sohnes gefreut! Immerhin war er die ihm einzig vertraute Person. Ich war natürlich nach nur einer Woche immer noch wie ein Fremdkörper in seinem Haus, dem er bisher nicht allzu viel Vertrauen schenkte. Doch genau diese bittere Enttäuschung sollte der erste Schritt dahin sein.

Mit Händen und Füßen versuchte er, mich auf etwas aufmerksam zu machen.

MB: »Ist was?«

Herr M.: »Ja!«

MB: »Möchten Sie mir etwas zeigen?«

Herr M.: »Ja.«

Gespannt, was da wohl kommen würde, löste ich die Bremsen des Pflegestuhls und ließ mich geduldig in den Keller führen. Als wir vor einer großen Werkzeugwand angekommen waren, machte er mir klar, dass ich hier irgendwas zu suchen hatte. Doch was sollte das nur sein?

Mit seiner linken Hand wies er mehrmals auf bunte kleine Kisten, in denen er verschiedene Schrauben einsortiert hatte. Während ich jede einzelne Kiste auf ihren Inhalt überprüfte, wuchs die Spannung noch mehr, wobei sich bei ihm die ersten Anzeichen von Ungeduld bemerkbar machten. Als ich eine rote Box mit Zimmermannsnägeln in der Hand hatte, nickte er mit dem Kopf. Sofort öffnete ich die Schachtel und fand zu meinem Erstaunen unter den rostigen Nägeln tatsächlich einen Briefumschlag. Er nickte immer heftiger, und ich hatte keine andere Wahl, diesen langsam zu öffnen. Als ich den ersten 50-Euro-Schein in der Hand hatte, löste sich die Spannung, und er grinste gar ein wenig.

MB: »Ist das Ihr Geld?«

Herr M.: »Ja.«

MB: »Soll ich davon unser Essen einkaufen?«

Er nickte nur noch zufrieden, und wir machten uns wieder auf den Weg zurück auf die Sonnenterrasse. Hier genossen wir den frischen Kuchen mit einer gewissen Zufriedenheit, und ich hatte das Gefühl, langsam sein Vertrauen zu gewinnen.

Ich hatte mir für die kommende Woche bereits einen weiteren Plan zurechtgelegt. Nach dem Frühstück stand für die nächste Stunde Lauftraining auf dem Programm. Hierfür hatte ich den nagelneuen und bisher unbenutzten Rollator ins Auge gefasst.

Mein Ziel war es, Herrn M. nach und nach wieder zum selbstständigen Laufen zu bringen. Rein medizinisch betrachtet war das Laufen kein so großes Problem, wenn da nicht die Psyche mit im Spiel gewesen wäre. Schon beim ersten Aufstehen war zu beobachten, dass er das Vertrauen in seine körperliche Fähigkeit fast völlig verloren hatte. Er wirkte sehr hilflos, als ob ihm seit dem Schlaganfall eigentlich immer nur sein Kopf im Weg stand. Da hatte selbst die exklusive Reha nicht viel genutzt, da er seine Krankheit immer noch nicht akzeptiert hatte. Eine psychologische Unterstützung wäre bei ihm in den ersten Wochen wohl wirksamer gewesen als alle Bewegungstherapien.

Zurück ins Leben

Jetzt, also erst nach drei Monaten, merkte man so langsam, dass er bereit war, sein Leiden zu akzeptieren. So wollte ich versuchen, ein auf absolute Sicherheit angelegtes Bewegungsprogramm mit ihm durchzuführen. Sollte er in den ersten Tagen stürzen, würde er das mühsam aufgebaute Vertrauen womöglich wieder verlieren.

Der Rollator erwies sich dabei allerdings als recht nutzlos, schließlich konnte er lediglich seinen linken Arm und sein linkes Bein einsetzen. Dieses Hilfsmittel ist allerdings für Menschen entwickelt, die beide Seiten noch bewegen können. Das alles war mir vor diesem Training gar nicht bewusst.

Erst als ich mit ihm gemeinsam die ersten Gehversuche durchführte, wurde ich auf das Problem aufmerksam. Herr M. konnte sich mit dem Rollator durch seine Behinderung lediglich im Kreis bewegen. Die einseitige Belastung führte immer wieder dazu, dass sich die Räder nur zur linken Seite bewegten. Zudem fand er mit der gelähmten und unbeweglichen rechten Hand keinen Halt und fühlte sich von Anfang an unsicher. Da ich genau dies verhindern wollte, brach ich das erste Training zügig ab und nahm nochmals Kontakt zu meinem befreundeten Arzt auf. Dieser riet mir, das Training mit einem einfachen Spazierstock weiterzuführen. Das war genau richtig, er hatte wieder einmal die perfekte Methode empfohlen.

Der Stock gab ihm für die funktionsfähige linke Seite genau den Halt und die Sicherheit, die er in diesem Moment benötigte. Sicherlich wankte er noch recht deutlich und wäre ohne mein Beisein hingefallen, doch nach und nach fand er sein Gleichgewicht wieder zurück. Schon nach nur zwei Trainingstagen war er in der Lage, ohne meine Unterstützung zu laufen.

Das waren seine ersten Schritte zurück ins Leben. Mit diesem Fortschritt war er ab dem heutigen Tag immerhin in der Lage, sein Bett zu verlassen, wann immer ihm danach war. Für mich, die Pflegekraft, war es gleichzeitig eine enorme Entlastung. So fielen nicht nur die körperlich anstrengenden Transporte von seinem Bett in den Rollstuhl, sondern auch die mehrfach nächtlichen Toilettengänge weg. Dabei verlagerte sich meine Aufgabe immer mehr von der körperlich anstrengenden Pflege hin zur psychologisch anspruchsvollen Arbeit.

Beflügelt von den ersten kleinen Erfolgen, wollte er natürlich so schnell wie möglich sein selbstbestimmtes Leben zurückhaben. So stand er am nächsten Morgen bereits um 6 Uhr an meinem Bett und zupfte ungeduldig an der Decke, bis ich endlich wach war. Ich beschloss, dass es nach gut zehn Tagen wohl endlich an der Zeit war, mehr über diesen Menschen zu erfahren. Bisher kannte ich lediglich seinen Nachnamen, doch wen pflegte ich da eigentlich?

Zunächst wollte ich über seinen Sohn mehr Informationen bekommen, doch der reagierte auf meine Fragen eher belästigt. Ich musste daher einen anderen Weg finden, um mehr über das Leben des alten Herrn zu erfahren. Schließlich war Biographiearbeit die wichtige Grundlage, diesen Menschen nicht nur besser zu verstehen, sondern auch individuelle Fähigkeiten wieder zu aktivieren. Ebenso war sie wichtig für die kommenden Aufgaben, denn mein nächstes Ziel war es, mit Gedächtnistraining die Sprachfähigkeiten zu verbessern. Immerhin war es in der Reha gelungen, ihn zum Sprechen zu bringen, auch wenn er bisher lediglich Ja oder Nein sagen konnte.

Ich war mir sicher, dass man darauf aufbauen konnte, und überlegte mir, wie ich am besten vorgehen sollte. Natürlich war ich nach den ersten kleinen Erfolgen der letzten Tage schon gespannt, was hier mit täglichem Training noch möglich war. Doch wie kam ich an die mir noch fehlenden Informationen?

Zunächst versuchte ich, über seinen Hausarzt mehr zu erfahren, doch dieser wiegelte mich im ersten Moment ab und verwies auf das Arztgeheimnis. Nachdem ich ihn allerdings zu einem Hausbesuch gebeten hatte, stellte sich heraus, dass die beiden ein gemeinsames Hobby hatten. Noch vor drei Monaten hatten sie sich einmal in der Woche zum Golfen getroffen, und das schon seit mehr als zwanzig Jahren. Zudem waren beide Hobbyfotografen und natürlich Dauerkartenbesitzer bei Borussia Dortmund, dem BVB.

Gut, da hatte ich ja schon einige Ansatzpunkte. Zunächst suchte ich nach Fotoalben. Im Keller fand ich schnell ganze Kisten voller Fotos, diese sollten meine Grundlage für das

Training in den nächsten Wochen sein. Über diese Bilder wollte ich versuchen, sein Gedächtnis mehr und mehr aufzufrischen. Doch war das ohne professionelle Hilfe überhaupt möglich?

Ich kontaktierte nochmals den Hausarzt und informierte ihn über mein Vorhaben. Sofort bot er an, mich zu unterstützen und stellte mir für Herrn M. je ein Rezept für Logopädie und Krankengymnastik aus. Jetzt wurde ich wenigstens einmal in der Woche für immerhin 30 Minuten von Fachkräften unterstützt, mehr ließ die Krankenkasse selbst bei einem Privatversicherten nicht zu.

Er, mit Vornamen Karl, wich keinen Moment mehr von meiner Seite. Begeistert von den vielen Kisten mit seinen Fotos und dem neuen Fortschritt in seinem Leben musste ich ihn des Öfteren bremsen, damit er seine Kräfte nicht überschätzte. Sicher war in der nächsten Zeit noch einiges möglich. Aber ich musste ihm auch immer deutlich erklären, dass die Erfolgsaussichten begrenzt waren. Langsam, nach dem gemeinsamen Sortieren der Bilder, begann ich mit dem ersten Training. Hierfür hatte ich mir von vornherein ein Zeitlimit von 60 Minuten gesetzt, um ihn nicht zu überfordern. Bei der ersten Übungsstunde hielt sich der Erfolg noch in Grenzen. Recht unkonzentriert sprach er mehr mit den Bildern, die Menschen darauf schien er nicht wiederzuerkennen. Er wirkte dabei sehr unsicher und hatte bei jeder von mir gestellten Frage sichtbare Angst, sie nicht beantworten zu können, und so lenkte er lieber von den Fragen ab. Die erste Stunde war schnell vorbei, ohne dass er nur eine Person erkannt hatte. Ich musste also dringend selbst aktiv werden, denn nur wenn er in der Lage war, den einen oder anderen zumindest mit Namen zu kennen, konnte ich ihm auch tatsächlich weiterhelfen.

Sein Sohn verweigerte jede Hilfe, als ob er Angst hatte, dass sein Vater wieder sein Leben selbst in den Griff bekommt. So konzentrierte ich mich bei der zweiten Stunde mehr auf die vielen Bilder aus dem Westfalenstadion. Schließlich bin ich selbst ein begeisterter Fußballanhänger, und hier wusste ich wenigstens etwas mit den abgebildeten Fußballern anzufangen. Dabei war ich selbst überrascht, wie gut es jetzt funktionierte.

Karl lernt sprechen

Die letzten richtig erfolgreichen Jahre des BVB lagen zur Zeit meiner Recherche bereits gut 15 Jahre zurück. Damals hatte das Team unter Ottmar Hitzfeld überraschend die Champions League gewonnen. Aus dieser glorreichen Saison besaß Karl ganze Fotoalben, unter anderem mit dem Topverteidiger und »Fußballgott« Jürgen Kohler, auch Andreas Möller war oft vertreten. Sein Lieblingsspieler der damaligen Elf schien aber Matthias Sammer zu sein, er war nahezu auf jeder Abbildung zu erkennen.

Als ich ihm das erste Foto von diesem zeigte, lächelte er kurz und:

K: »M ... Mat ...«

Erstaunt gab ich ihm noch einen Moment Zeit, um dann helfend einzugreifen:

MB: »Matthias, sprich doch bitte einmal nach, Matthias.«

Er benötigte schon einige Versuche, den Namen richtig auszusprechen, doch es gelang. Dass es ausgerechnet der Name eines bekannten Fußballers war, kam mir zunächst doch etwas banal vor, doch wenn es helfen sollte – warum dann eigentlich nicht?

Mit jedem neu erlernten Wort wuchs sein Selbstvertrauen zusehends, und nach drei Tagen hatte er schon das kleine Fußballeinmaleins drauf. Begriffe wie Abseits oder Strafraum waren keine Hürde mehr, und so konnte ich zu alltäglichen Begriffen übergehen. Spannend dabei war, dass es ihm bei Wörtern in Verbindung mit Bildern weitaus einfacher fiel. Als würden sich in seinem Kopf Bild und Begriff vereinen und somit wieder abgespeichert werden.

So besorgte ich mir im Internet gebrauchte Kinderbücher, um mir die Arbeit zu erleichtern. Empfehlenswert waren dabei die Lernbücher: Was ist mein Körper? Hier hat man jedes einzelne Wort schön bildlich erklärt. Dabei traute ich kaum meinen Ohren, wie schnell Karl in der Lage war, die verschiedenen Wörter auszusprechen. Sein Wortschatz hatte sich in den letzten Tagen immens gesteigert, und so langsam war er in der Lage, jeden seiner Wünsche verbal zu äußern.

Jetzt stand er jeden Morgen um 6 Uhr an meinem Bett und musste nicht mehr an der Schlafdecke ziehen, um sich bemerkbar zu machen.

Karl: »Aufstehen!«

MB: »Oh … die Nacht ist schon wieder viel zu früh zu Ende. Leg dich doch noch eine Stunde hin.«

Karl: »Nein, ich kann nicht mehr schlafen, steh auf!«

MB: »Na gut. Geh schon mal ins Bad. Ich helfe dir dann beim An- und Ausziehen.«

Karl: »Ja, aber ich habe Hunger.«

MB: »Zuerst Zähne putzen, waschen, rasieren und dann ist Zeit für dein Frühstück – okay?«

Langsam bewegte er sich in Richtung Badezimmer, dabei schleifte sein rechtes Bein weiterhin am Boden. Sein rechter

Arm hing immer noch herunter, und so war er nicht in der Lage, seinen Schlafanzug selbst auszuziehen. Sobald ich allerdings hilfreich eingegriffen hatte, konnte er sich selbst am Waschbecken rasieren und waschen. Das Ganze sah allerdings nicht sehr stabil aus, sodass ich ihn dabei lieber nicht aus den Augen verlieren wollte. Ihm, dem stolzen Herrn, war es sichtbar peinlich. So entschloss ich mich, nach den ersten Tagen seiner Selbstständigkeit, die Tür zum Bad nur einen Spalt offen zu lassen, um ihm seinen gewünschten Freiraum zu gewähren.

Heute stand ein Besuch bei seinem Hausarzt um die Ecke auf dem Plan. Bisher hatte sein Freund, der Arzt, Karl besucht. Doch Karl hatte ihm klargemacht, dass die 300 Meter zu seiner Praxis ein gutes Training seien. Und jetzt wollten wir dies zum ersten Mal versuchen.

Es war ein schöner sonniger Tag mit einem wolkenlosen hellblauen Himmel. Langsam machten wir uns auf den Weg. Allein für die Strecke von der Haustür bis zur Straße benötigten wir gut fünf Minuten.

Weder in einem Seniorenheim noch in einem ambulanten Dienst hatte ich jemals die Zeit gehabt, um lediglich 40 Meter mit einem Kunden in fünf Minuten zu bewältigen. Sein Schneckentempo ließe sich in das ökonomisierte Zeitsystem der Pflege nicht integrieren. Auf die individuelle Behinderung kann dieses System keine Rücksicht nehmen, dabei ist diese Lösung langfristig nicht unbedingt günstiger. Denn jede für den Pflegebedürftigen erreichte Verbesserung des gesundheitlichen Zustands entlastet gleichzeitig die Pflegekraft, und zwar auf Dauer. So bin ich überzeugt, dass bei einem intensiven Pflegeeinsatz in den ersten drei bis sechs Monaten einiges an Selbstständigkeit zurückgewonnen werden kann, die danach den täglichen Pflegebedarf deutlich reduziert.

Wir mussten noch zwei etwas längere Pausen einlegen, dann hatten wir nach knapp 25 Minuten die Arztpraxis erreicht. Sicher hätte er das nie ohne meine Hilfe geschafft an diesem Tag, doch nach intensivem Training vielleicht in einem Monat.

Meine ersten 14 Tage Pflegeeinsatz bei Karl gingen so langsam dem Ende zu. Schon am heutigen Freitag hatte sich sein Sohn mit der neuen Kollegin angemeldet. Sie sollte mich für die kommenden zwei Wochen ablösen, und ich mich für den nächsten Einsatz erholen. Dies war nach den anstrengenden, aber auch erfolgreichen zwei Wochen mehr als notwendig. Besonders Karl war die Anspannung anzusehen, schließlich hatte er sich gerade an mich gewöhnt, und jetzt sollte eine andere Person für ihn zuständig sein.

Die 26 Jahre alte Kollegin war recht klein und zierlich. Auch sie hatte wie ich lediglich die Qualifikation einer Hilfskraft und kam direkt aus Dortmund. Der Sohn stellte sie uns kurz vor und verschwand dann wieder rasch mit seinem Auto.

MB: »So, dann packe ich jetzt meine Sachen, und wir sehen uns in zwei Wochen wieder.«

Karl: »Wie, du willst jetzt gehen? Warum?«

MB: »Weil ich nach zwei Wochen mal eine Pause brauche.«

Karl: »Und was ist mit mir?«

MB: »Für dich wird doch alles zumindest einmal optisch viel besser. Die nette Kollegin wird jetzt bei dir einziehen.«

Karl: »Nein, das kann doch nicht sein. Wer hat denn das …«

MB: »Reg dich nicht auf. In 14 Tagen bin ich doch wieder da.«

Währenddessen hatte meine Kollegin Manuela sich im Gästezimmer eingerichtet, und es war an der Zeit, meinen Kunden ordnungsgemäß in ihre Obhut zu übergeben.

Manu: »Wie ist denn sein Tagesablauf und was muss ich tun?«

MB: »Er steht um 6 Uhr auf, dann geht er ins Bad. Deine

Aufgabe ist es, ihm beim An- und Ausziehen behilflich zu sein, dann machst du das Frühstück. Danach habe ich mit ihm eine Stunde Gedächtnistraining gemacht.«

Manu: »Hast du eine Dokumentation der ganzen Aufgaben?«

MB: »Nicht im eigentlichen Sinne. Allerdings habe ich für mich ein Tagebuch aus meinen Tätigkeiten angelegt. In erster Linie, um mich vor dem Sohn rechtfertigen zu können.«

Manu: »Ist das denn notwendig?«

MB: »Das musst du selbst herausfinden.«

Manu: »Könntest du mir eine Kopie hinterlassen, dann wäre für mich alles etwas einfacher?«

MB: »Ja, sehr gerne. Besonders wichtig sind eigentlich das morgendliche Gedächtnistraining und das Bewegungstraining am Nachmittag. Aber das kannst du ja selbst entscheiden. Ihm macht das allerdings Spaß.«

Manu: »Danke. Gibt es sonst noch irgendwelche Eigenschaften, auf die ich achten muss?«

MB: »Das wird er dir alles selbst sagen.«

Ich verabschiedete mich von beiden, und als ich die Haustür hinter mir zuschloss, fiel gleichzeitig eine Last von meinen Schultern. Erst jetzt wurde mir klar, welche Verantwortung ich für das Leben von Karl trug, und war froh, dass bis jetzt nichts Dramatisches geschehen war. Ich wunderte mich, wie sehr ich mein eigenes Leben in den letzten zwei Wochen verdrängt hatte. Außer einem Telefongespräch mit meiner Mutter und dem Skype-Kontakt zu einigen Freunden, hatte ich nichts für mich selbst getan oder unternommen – ich lebte ausschließlich für den alten Herrn. Für mein eigenes Leben war keine Zeit übrig geblieben.

Das machte sich vor allem in der Beziehung zu meiner Freundin bemerkbar. Immerhin arbeitete ich schon wieder mehr als ein halbes Jahr unter meinem Pseudonym und der Weg zurück zu Markus Breitscheidel fiel mir immer schwerer. Statt mich also erholen zu können, war es wieder einmal an der Zeit, für die Liebe zu kämpfen, doch woher sollte ich die Kraft dafür noch holen? Karl ging es durch meine Arbeit sichtbar besser, in meinem Leben lief jedoch wieder mal alles schief. Auch das musste verkraftet werden.

Am ersten freien Tag schlief ich tatsächlich bis fast 12 Uhr mittags und versäumte dabei ein Treffen mit meiner Freundin. Diesmal war sie so verärgert, dass auch der große Blumenstrauß nicht mehr half. Sie war mit ihrem Verständnis für meine Arbeit am Ende angelangt, und ich konnte sie auch nicht mehr mit Argumenten überzeugen – ich war ausgelaugt und hatte einfach keine Kraft mehr. Noch am gleichen Tag packte sie ihre Sachen und beendete unsere Beziehung.

Ich benötigte zwei weitere Tage, um zu mir zu kommen und das Ganze zu begreifen. Deshalb war ich nicht gerade unglücklich, als auf meinem Handy die Nummer von Karls Sohn erschien:

Sohn: »Ich habe eine schlechte Nachricht für Sie.«

MB: »Was ist denn los?«

Sohn: »Ihre Kollegin hat soeben das Handtuch geworfen.«

MB: »Wie?«

Sohn: »Ja, sie hat fristlos gekündigt.«

MB: »Und warum?«

Sohn: »Sie hat das mit der Trennung von ihrem Mann und kleinen Sohn wohl doch unterschätzt. Schon am ersten Abend rief sie mich an und war unsicher, da konnte ich aber noch Druck auf sie ausüben. Jetzt rief sie mich unter Tränen an und hat fristlos gekündigt. Was soll ich denn jetzt tun?«

MB: »Ganz einfach. Suchen Sie sich eine neue Pflegekraft.«

Sohn: »Ja, so einfach ist das auch nicht, und dann auch noch so schnell, könnten Sie nicht bis dahin einspringen?«

MB: »Kann ich schon, aber wie sieht das mit der Bezahlung aus?«

Sohn: »Machen Sie sich keine Sorgen, dafür finden wir schon eine Lösung. Hauptsache, Sie können heute kommen!«

MB: »Das möchte ich aber klären, bevor ich wieder arbeite.«

Sohn: »Gut, ich muss ja sowieso am Sonntag kommen, dann klären wir das schon.«

Nur nach wenigen Tagen war ich schon wieder unterwegs nach Dortmund. Dabei merkte ich, dass mein Körper sich relativ schnell und gut erholte, meine Seele hätte allerdings noch mindestens eine Woche Pause benötigt.

Am späten Nachmittag erreichte ich das Haus von Karl, wo mich meine Kollegin samt Mann und Kind schon mehr als sehnsüchtig erwarteten. Mit Tränen in den Augen entschuldigte sie sich zunächst, gleichzeitig drückte sie mich dankend für die schnelle Ablösung. Nicht einmal eine Woche hatte sie es ausgehalten, ohne ihre Familie zu sein. Vor mir standen jetzt gleich mehrere Wochen, und ich war selbst gespannt, wie ich diese verkraften würde.

Nachdem sie in Windeseile ihre Sachen zusammengepackt hatte, war sie auch schon verschwunden. Karl machte in der Zeit, wie gewohnt, seinen Nachmittagsschlaf und bekam so von alldem nichts mit. Ich nutzte die momentane Ruhe, um meine Kleidungsstücke in den Schrank zu räumen und mich auf die kommenden Aufgaben vorzubereiten. Dabei fiel mir auf, dass meine Kollegin das von mir angelegte Pflegetagebuch leider nicht weitergeführt hatte. So trug ich die Pflegetätigkeiten sorgsam nach. Es war mir wichtig gegenüber dem

Sohn als auch der Pflegekasse, jede der Tätigkeiten zu dokumentieren.

Dann bereitete ich in aller Seelenruhe das Abendessen vor, und während ich in der Küche den Tee aufsetzte, stand auch Karl wieder auf. Die lauten Geräusche aus der Küche hatten ihn neugierig gemacht, und jetzt stand er vor mir.

Karl: »Ach, Matthias, du bist es. Schön, dass du wieder da bist! Mit der anderen, da bin ich überhaupt nicht zurechtgekommen, die hat ja nur geweint.«

MB: »Sie hatte halt Heimweh und vermisste ihre Familie, das kann ich schon verstehen.«

Karl: »Nicht nur das, die wusste doch gar nichts mit mir anzufangen und in der Küche war sie auch nicht gerade eine Granate. Da bin ich schon froh, dich wieder hier zu haben.«

MB: »Schön, und wie hat der BVB am Wochenende gespielt?«

Karl: »Die haben gewonnen!«

MB: »Oh, wenn die so weitermachen, wird es ein erfolgreiches Jahr.«

Karl: »Abwarten, die Saison ist noch lang.«

MB: »Ich habe von einem Freund eine DVD mit den besten Spielen der letzten Jahre mitgebracht. Die können wir uns nach dem Abendessen anschauen.«

Das Essen war für ihn immer noch ein großes Problem. Die Lippe der rechten Gesichtshälfte hing noch deutlich sichtbar nach unten, und so verlor er immer einen Teil des zerkauten Essens aus dem Mundwinkel. Auch das Herunterschlucken fiel ihm weiterhin schwer, und ab und an, wenn der Happen einfach zu groß war, verschluckte er sich. Dabei lief innerhalb von Sekunden sein Kopf erst rot und danach gar bläulich an, und ich musste mit einer paar wenigen sanften Schlägen auf den Rücken für Abhilfe sorgen.

All dies war ihm furchtbar peinlich, denn er hatte in seinem Leben immer auf Etikette geachtet. Jetzt bröckelten halbzerkaute Essensreste seine Wange hinunter, und er bemerkte sie erst, als sie langsam auf seine Hose fielen. Ob sich dieser Zustand allerdings jemals ändern würde?

Nach dem Abendessen stärkten wir wie üblich noch ein wenig seine Beinmuskulatur. Hierfür trainierten wir auf einem Gerät, das wie ein Sitzfahrrad benutzt wurde. Bei diesem konnte die Belastung für die Beine verschieden eingestellt werden, und nur so war es möglich, beide Seiten gleichzeitig zu trainieren.

Das Tempo spielte bei dieser Übung keine Rolle. Ich musste den ehrgeizigen Karl sogar des Öfteren bremsen, weil er seine eigenen Kräfte nicht mehr so richtig einschätzen konnte. Karl war zwar jetzt in der Lage, Wörter auszusprechen. Wurden die Zusammenhänge allerdings komplexer, konnte er sie nicht mehr erfassen.

Fortschritte ließen sich interessanterweise lediglich im Bereich seiner Hobbys erzielen, seine Erfahrungen aus der Arbeitswelt waren vollkommen ausgelöscht. Auf meine Fragen über seine Tätigkeit kam immer die gleiche dumpfe Antwort: »Einige.« Mehr war allerdings nicht zu erfahren.

Solange wir über diese Themen sprachen, erschien er mir fast abwesend und völlig desinteressiert. Ich wusste lediglich, dass er als selbstständiger Kaufmann doch recht erfolgreich gewesen sein musste und jetzt sein Sohn sein komplettes Vermögen verwaltete.

Er selbst hatte keinen Zugriff mehr auf seine Konten, und bisher vermisste er das auch nicht. Er hatte damit das sorglose Leben der Kindheit und Jugend für sich wiederentdeckt. Auch in deren Welt spielen Geld und vor allem die Beschaffung nur eine untergeordnete Rolle – es ist halt einfach da.

Nur wenn offensichtlich kein Geld mehr da war, reagierte er – wie mit den versteckten 100 Euro in der Kiste.

Das Wochenende stand bevor, und meine Kollegin hatte mir noch lediglich fünf Euro vom wöchentlichen Haushaltsgeld in die Hand gedrückt. Damit musste ich uns beide für die nächsten drei Tage bis zum Sonntag ernähren, und das war selbstverständlich nicht möglich. Allein die Getränke kosteten schon mehr, sodass ich von meinem eigenen Geld wieder etwas zuschießen musste. Diesmal wollte ich den Betrag allerdings von seinem Sohn zurückfordern.

Doch da war ja zunächst noch der spannende Bundesliga-Samstag. Für einen wahren Fußballanhänger ist es ein wirkliches Erlebnis, die einzelnen Berichte über die Partien im Radio zu verfolgen. Wie es die Reporter stets schaffen, nicht nur die Spannung und gute Stimmung im Stadion, sondern auch die einzelnen Spielszenen den Zuhörern bildlich vor Augen zu bringen, erstaunt mich immer wieder.

Im Spiel der Dortmunder in St. Pauli war die Spannung bis zur 50. Minute groß, und der Japaner Kagawa erlöste mit seinem sehenswerten Treffer zur Führung nicht nur den BVB, sondern auch Karl. Nach dem fünften Bundesliga-Sieg in Folge lag Dortmund nun auf dem zweiten Tabellenplatz. So war für gute Stimmung an diesem Abend gesorgt.

10.000 Euro hinterm Spiegel

Am nächsten Morgen hatten wir uns nach dem Frühstück zu einem kleinen Spaziergang aufgemacht. Der nahe Buchenwald schützte uns vor der erbarmungslos brennenden Spätsommersonne. Allerdings musste ich schon das Tempo vorgeben und darauf achten, dass ich Karl nicht überforderte. Zu einer Selbst-einschätzung seiner Kräfte war er leider nicht in der Lage. Ob-wohl er auf dem Waldweg schon fast zusammensackte, musste ich ihn mit Engelszungen zu einer Pause überreden.

Kurz vor Mittag hatten wir dann wieder sein Haus erreicht. Ich kümmerte mich zunächst um unser Mittagessen, schließ-lich war es Sonntag, und da gehörte schon ein vernünftiger Braten auf den Tisch. Noch während wir mit Ruhe und Ge-nuss diesen verspeisten, fuhr sein Sohn vor.

Sohn: »Hier riecht es aber gut. So gut müsste es mir auch mal gehen!«

Dabei ignorierte er seinen Vater wie gewohnt und bat mich in das eingerichtete Büro.

Sohn: »Und, wie läuft's?«

MB: »Bisher ganz gut. Nur das Haushaltsgeld ist zu knapp, aber das wissen Sie ja schon.«

Sohn: »Na ja, für einen dicken Braten scheint ja doch noch genügend übrig zu sein!«

MB: »Den habe ich von meinen Geld bezahlt, und da wä-ren wir auch schon beim wichtigsten Thema. Was dachten Sie, für den Mehreinsatz draufzulegen?«

Sohn: »Ich dachte, wir warten erst einmal ab, bis ich Ersatz gefunden habe. Erst dann wissen wir, was an Tagen hinzu-kommt. Sind Sie damit einverstanden?«

MB: »Auf gar keinen Fall. Ich möchte von Ihnen noch heute einen Betrag hören, sonst bin ich weg.«

Sohn: »Langsam, wir haben immerhin einen Arbeitsver-trag.«

MB: »Genau, und der regelt die Arbeitszeiten, und dann hätte ich jetzt meine wohlverdiente Freizeit. Da ich auf diese verzichte, möchte ich natürlich mehr Geld, und da dachte ich zumindest an das Doppelte.«

Sohn: »Wie soll ich mir das denn leisten?«

MB: »Sie leisten sich hier gar nichts, das ist immer noch das wohlverdiente Geld Ihres Vaters, das Sie da verwalten dürfen.«

Sohn: »Aber auch mein Erbe, und da möchte ich auf so wenig wie möglich verzichten!«

MB: »Um das hier ganz einfach zu beenden: Sollte ich bis morgen keinen neuen Vertrag über mindestens 3500 Euro haben, gehe ich!«

Sohn: »Das ist ja unverschämt und mehr als das Doppelte!«

MB: »Da gibt es für mich keine Diskussion mehr, schließlich verzichte ich auf meine Freizeit.«

Wütend verließ er fast fluchtartig den Raum, und Sekunden später fuhr er mit quietschenden Reifen davon. Sein Vater hatte einen Teil des Gesprächs wegen der steigenden Lautstärke mitbekommen, und die Angst, mich als seine Pflegekraft zu verlieren, war ihm deutlich anzusehen.

In diesem Moment zog er an meinem linken Arm und forderte mich auf, ihm zu folgen. Dieses Mal ging es an der Werkstatt im Keller vorbei in seinen Hobbyraum mit der angrenzenden Sauna. Hier hielt er kurz inne und konzentrierte sich auf den großen Spiegel an der Wand. Er bat mich, ihm zu helfen, diesen behutsam abzuhängen. Dahinter war allerdings nicht mehr als die weiße Wand zu erkennen. Doch an der Hinterwand des Spiegels war sorgfältig ein brauner Umschlag befestigt. Es dauerte eine Weile, bis ich ihn von der Holzplatte entfernt hatte. Karl wurde immer ungeduldiger. Erst als ich den Umschlag in der Hand hatte, wurde er ruhiger. Mit einem leichten Grinsen im Gesicht öffnete er diesen vor meinen Augen, und ich war beim ersten Anblick mehr als erstaunt. Vor mir lag ein ganzes Bündel von 100-Euro-Scheinen, genau gesagt 10.000 Euro.

Dabei konnte ich die Freude von Karl nicht so recht mit ihm

teilen, denn ich wusste, dass ich diesen Fund eigentlich dem betreuenden Sohn sofort melden müsste. Ich entschied, zunächst eine Nacht darüber zu schlafen, und sicherte das Geld in einer abschließbaren Schublade des Schreibtischs.

In der folgenden Nacht kam ich kaum zur Ruhe, ständig drehten sich meine Gedanken um den Fund. Sollte ich nicht lieber das Geld für Karl auf ein Konto einzahlen und ihm ab und an etwas davon zukommen lassen, bis es endgültig aufgebraucht war? Schließlich hatte er es verdient und nicht sein unangenehmer Sohn. Doch diese Entscheidung könnte mich in Teufels Küche bringen, wenn der Sohn irgendwann davon erfahren würde. Das wäre schon ein glatter Diebstahl, und somit bestimmt kein Kavaliersdelikt mehr.

Was sollte ich nur tun?

Als mich Karl am nächsten Morgen wie üblich gegen 6 Uhr weckte, hatte ich den Entschluss gefasst, den Sohn noch am selben Tag zu informieren. Allerdings wollte ich einen Betrag in Höhe von 1000 Euro als Vorschuss für meine bisherige Arbeit sicherheitshalber einbehalten. Ich traute seinem Sohn wirklich alles zu und hatte schon die Befürchtung, meinen wohlverdienten Lohn im Nachhinein mit Hilfe eines Rechtsanwalts einklagen zu müssen.

Karl war von der Entscheidung mehr als entsetzt, schließlich kannte er seinen Sohn weitaus besser als ich. Doch die Gesetzeslage ließ da keinen Spielraum zu, und ein Verschweigen war auf jeden Fall eine Straftat.

MB: »Guten Morgen, hier ist der Matthias. Ich muss Ihnen mitteilen, dass ich gestern Abend im Beisein Ihres Vaters im Haus einen Umschlag mit Geld gefunden habe.«

Der Sohn, der eigentlich nach dem ersten Halbsatz schon auflegen wollte, weil er befürchtete, es ginge um den fälligen Arbeitsvertrag, zeigte auf einmal reges Interesse.

Sohn: »Wie viel ist es denn?«

MB: »Da schauen Sie besser selbst nach!«

Sohn: »Ich bin gleich da!«

Nur wenige Minuten später fuhr er recht sportlich vor und hatte sogar das erste Mal seine Ehefrau dabei. Nach einer kurzen, aber sehr kalten Begrüßung ging es sofort an den vermeintlichen Speck.

Sohn: »So, zeigen Sie mal her, was Sie da gefunden haben!«

MB: »Ja, hier ist der Umschlag.«

Vor seinen immer größer werdenden Augen öffnete ich diesen und entnahm die 10.000 Euro. Dann zählte ich langsam genau 1000 davon ab und legte sie zur Seite.

Sohn: »Was machen Sie da mit meinem Geld? Soll das etwa Ihr Finderlohn sein?«

MB: »Nein, das wäre ja vermessen von mir. Ich erlaube mir lediglich, einen Vorschuss für meine Arbeit einzubehalten.«

Sohn: »Das steht Ihnen erst am Ende des Monats zu, und jetzt geben Sie mir mein Geld – und zwar alles!«

MB: »Dieses Geld habe ich mir bereits in den letzten Wochen verdient, und den neuen Arbeitsvertrag vermisse ich immer noch. Also, wer garantiert mir, dass ich meinen Lohn auch tatsächlich bekomme?«

Sohn: »Ich – wer sonst?«

MB: »Sehen Sie mal, genau das ist mir nicht genug, wenn ich allein Ihr heutiges Verhalten sehe, kommen mir erhebliche Zweifel.«

Sohn: »Woher soll ich überhaupt wissen, dass dies tatsächlich alles war, was Sie gefunden haben? Es könnte ja sein, dass …«

MB: »Jetzt machen Sie besser mal ganz langsam und werden nicht unverschämt, schließlich haben Sie einen Umschlag in der Hand. Nehmen Sie besser das Geld, bevor ich mich noch ärgern muss.«

Sohn: »Gut, sollen Sie die 1000 Euro eben behalten.«

Gierig ließ er den Umschlag in der Innentasche seines Armani-Jacketts verschwinden. Während ich mich weiter meinen pflegerischen Aufgaben widmete, nahm er mit seiner Frau auf der Terrasse Platz. Von dort beobachteten sie jeden einzelnen Schritt von mir, mit Karl hatten sie derweil kaum ein Wort gewechselt.

Als ich gerade dabei war, das Mittagessen vorzubereiten, wurde das Gespräch zwischen den Eheleuten erheblich lauter. Scheinbar stritten sie sich jetzt schon um das Geld. Ich hörte dabei lediglich Wortfetzen wie »... da muss noch mehr sein ...« oder »... wir müssen ordentlich suchen ...« und grinste dabei innerlich. Da saß ein Ehepaar, das seine ganze Energie einsetzt, um sein Geld zu vermehren. Dabei war ich gespannt darauf, was sie noch tun würden.

Nachdem ich den Tisch für Karl und mich eingedeckt hatte, wollte ich höflich sein und bat beide hinzu. Sie lehnten jedoch ab. Erst als ich Karl danach in sein Zimmer gebracht hatte und er, wie jeden Mittag, ein wenig schlief, wandten sie sich mir wieder zu.

Sohn: »Ich habe mich bis eben mit meiner Frau unterhalten, und wir sind zu dem Schluss gekommen, dass wir in den nächsten Tagen mal selbst auf meinen Vater aufpassen.«

MB: »Oh, wie kommen Sie denn auf diese Idee?«

Sohn: »Wir denken, es ist wohl besser so!«

MB: »Schön, mir soll das recht sein. Wie lange gedenken Sie, dies zu tun?«

Sohn: »Nur ein paar Tage. Ich rufe Sie an, wenn es soweit ist – in Ordnung?«

MB: »Aber natürlich.«

In nur wenigen Minuten hatte ich meine Sachen gepackt und wollte mich gerade auf den Weg zur Bushaltestelle begeben, als der Sohn mich bat, noch einmal kurz zurückzukommen. Gemeinsam mit seiner Ehefrau bat er mich, doch auch den Hauptschlüssel abzugeben, und in diesem Moment dachte ich mir schon, meinen Arbeitsplatz verloren zu haben. Dabei wunderte mich, wie schnell nur ein wenig Geld die beiden zu dieser Entscheidung trieb. Schließlich waren sie beide nicht in der Lage, den alten Herrn vernünftig zu versorgen, aber darum ging es ihnen auch gar nicht. Noch während ich mich von Karl verabschiedete, war seine Schwiegertochter schon dabei, sein Büro gründlich zu durchforsten.

MB: »Ich möchte mich von dir verabschieden.«

Karl: »Wie, schon wieder? Und wer hilft mir?«

MB: »Dein Sohn und deine Schwiegertochter möchten das jetzt tun.«

Karl: »Nein, tu mir einen Gefallen und lass mich mit denen nicht allein – bitte!«

MB: »Tut mir leid. Ich muss mich den Anweisungen deines Sohnes beugen, schließlich hat er die gesetzliche Betreuung. Da kann ich gar nichts gegen tun.«

Karl: »Ich hab dir gesagt, dass wir das Geld behalten sollen – aber du …«

MB: »Du musst mich da verstehen, es wäre eine Straftat gewesen, und das war mir zu gefährlich.«

Karl: »Sehen wir uns wieder?«

MB: »Das weiß nur dein Sohn.«

Als sich nach zwei Tagen sein Sohn nicht gemeldet hatte, wollte ich schon wieder in die Bewerbungsphase einsteigen. Ich ging davon aus, dass sich der Job erledigt hatte. Mein bestimmtes Auftreten war dem Sohn ein Dorn im Auge.

Noch am gleichen Abend klingelte mein Handy, und seine

Nummer erschien auf dem Display. Jetzt war mein Ende wohl wirklich gekommen.

MB: »Was kann ich für Sie tun?«

Sohn: »Können Sie heute Abend hier noch übernehmen?«

Dabei klang er sehr gestresst, und ich wusste wohl am besten, wie hoch die Belastung bei der Pflege seines Vaters war. Im Hintergrund war auch schon Karl zu hören, der seiner Schwiegertochter kräftig Befehle erteilte. Es war bestimmt nicht so einfach mit ihm, denn er war nach den ersten Erfolgen wissbegierig und fordernd wie ein kleines Kind. Dabei ließ er sich nicht vor dem Fernseher parken und setzte seinen Willen mit der Macht eines Erwachsenen in den meisten Fällen konsequent durch. Ständig für ihn da zu sein, war psychisch enorm belastend und zwang mich, mein eigenes Leben komplett hintanstehen zu lassen.

Genau diese Erfahrung hatten beide bisher wohl noch nicht gemacht, und ich dachte mir, dass ich sie jetzt besser mal ein wenig zappeln lasse.

MB: »Oh, das wird wohl nicht funktionieren.«

Sohn: »Weshalb?«

MB: »Ich bin zur Zeit bei Freunden in Berlin und könnte frühestens morgen Nachmittag wieder in Dortmund sein.«

Sohn: »Oh nein. Also, früher geht es nicht? Sie können doch mit dem Flugzeug kommen, machen Sie sich keine Sorgen um die Bezahlung. Hauptsache, Sie sind schnell wieder hier – bitte!«

MB: »Ich denke, Sie müssen sich bis morgen Mittag gedulden – vorher wird es leider nichts.«

Sohn: »Okay, dann bis morgen.«

Da hatte ich doch ernsthafte Bedenken gehabt, meinen Arbeitsplatz zu verlieren. Ich war mir sicher, dass nach meinem konsequenten Verhalten der Sohn längst Ersatz suchte.

Doch er war gemeinsam mit seiner Frau damit beschäftigt gewesen, das komplette Haus nach Briefumschlägen zu durchsuchen. An die anspruchsvolle und anstrengende Pflege von Karl hatten er und seine Frau wohl am wenigsten gedacht und den Aufwand bestimmt unterschätzt. Dies alles schien ihnen jetzt klar geworden zu sein. Ob sie bei ihrer Schatzsuche fündig geworden sind, wusste ich natürlich nicht. Doch ihre enttäuschten und gestressten Gesichter verrieten mir, dass es nicht allzu viel gewesen sein kann.

Seine Frau ignorierte mich bei meiner Ankunft völlig und verschwand im gleichen Moment, als ich durch die Tür kam. Wenigstens Karls Sohn zeigte aufgrund der Erfahrungen in den letzten zwei Tagen jetzt etwas mehr Respekt gegenüber mir und meiner Tätigkeit. Den immer noch anstehenden Arbeitsvertrag hatte er allerdings wieder nicht vorbereitet, und ich machte ihm meine Enttäuschung darüber auch deutlich. Ich hatte das Gefühl, durch meine Gutmütigkeit und Empathie für den zu Pflegenden längst von seinem einzigen Angehörigen ausgenutzt zu werden. Aufgrund der letzten Wochen wusste er ganz genau, dass ich Karl nicht alleine lassen würde, und damit fehlte das wichtigste Druckmittel, um meine Forderungen geltend zu machen.

Nicht ohne mir die üblichen 50 Euro für die kommende Woche in die Hand zu drücken, verließ er das Haus. Hier sah alles so aus, als wenn die Kriminalpolizei mit einem Sonderkommando das Haus von Karl gestürmt hätte. Allein im Büro hatten die beiden ein gigantisches Chaos hinterlassen, mehr als 100 Akten lagen kreuz und quer im Zimmer herum. Selbst die Büroschränke hatten sie von den Wänden gerückt, Bilder abgehängt. Vom großen Schreibtisch waren die Schubladen herausgezogen, und selbst vor den großen Blumentöpfen hatten sie nicht Halt gemacht. Das Ganze hatten sie in der

Garage und im Keller ebenso fortgesetzt, ohne jedoch die entstandene Unordnung zu beseitigen.

Die nächsten Tage mussten daher zu einer gemeinsamen Aufräumaktion genutzt werden. Karl lernte dabei neue Wörter wie zum Beispiel Aktenordner oder Werkzeug. Den Sinn, in seinem Haus wieder Ordnung zu schaffen, wollte er dabei allerdings nicht verstehen. So war es eine tägliche Aufgabe, ihn zu motivieren, und ich nutzte ein Mittel, das bei »Kindern« so gut wie immer funktioniert. Ich versprach ihm, nach getaner Arbeit eine große Überraschung, und die hatte ich auch für den kommenden Sonntag bereits vorbereitet.

Die große Überraschung

Von den 1000 Euro Vorschuss hatte ich einen kleinen Teil in recht gute Eintrittskarten für den Klassiker Dortmund – Bayern München investiert. Ich freute mich auf das Spiel, aber mehr noch auf die Reaktion von Karl. Hoffentlich überforderte ich ihn nicht.

Als wir am späten Samstagnachmittag auch noch das Chaos in seiner Werkstatt beseitigt hatten, sah er mich mit großen Augen an:

Karl: »Fertig, und jetzt ist Zeit für die Bundesliga. Vorher möchte ich wissen, wie die Überraschung aussieht.«

MB: »Immer nur Geduld. Nach dem Abendessen ist es soweit.«

Für den Abend hatte ich zwei gut durchgehangene Rumpsteaks und einen frischen Biosalat, dazu einen französischen Rotwein besorgt. Als er kurz vor der Sportschau aus dem Bad kam, hatte ich derweil den Tisch schon gedeckt und seine

Eintrittskarte für das Spiel unter seinem Stuhlpolster versteckt. Noch während des Essens rutschte er nervös auf diesem hin und her und ließ mir keine Ruhe. Vor lauter Spannung konnte er nicht mehr ruhig sitzen:

Karl: »Wo ist denn jetzt die Überraschung?«

MB: »Du sitzt die ganze Zeit darauf!«

Karl: »Nein!«

Im gleichen Moment erhob er sich langsam wie immer, und erst nachdem er sich auf der Tischkante abstützte und aufrecht stand, konnte er das Sitzkissen aufklappen. Als er die Karte erkannt hatte, liefen ihm Freudentränen über die Wangen – er war überwältigt und ich berührt über seine Freude.

Jetzt spielte nicht einmal die Sportschau eine Rolle. Alles war nur noch auf den nächsten Tag fixiert.

Am Sonntag stand er bereits um 5 Uhr morgens in meinem Zimmer:

Karl: »Steh endlich auf, es geht los ins Stadion.«

Die Fähigkeit, Zeit einzuordnen, hatte er nach seinem Schlaganfall wiedererlangt. Mit den Begriffen morgens und abends konnte er aber noch gar nichts anfangen, und so wäre er am liebsten jetzt schon losgefahren. Dabei spielte die Borussia erst am Abend, und es waren noch zwölf Stunden Zeit bis zum Anstoß.

An diesem Morgen fiel es mir besonders schwer, ihn in seiner Euphorie zu bremsen. So musste ich, quasi im Halbstundentakt, seine ständig wiederkehrende Frage, wann es denn nun endlich losgehe, beantworten. Es war wie bei einem kleinen Kind. Und konnte einem den letzten Nerv rauben.

Endlich war es so weit. Ich verschloss die Haustür und wollte mich gerade mit ihm auf den Weg zur Bushaltestelle begeben, als er an meinem Arm zog. Ich befürchtete schon wieder das Schlimmste.

MB: »Lieber Karl, solltest du mich jetzt wieder zu einem deiner Geldverstecke führen, behalte es besser für dich. Sobald ich es weiß, muss ich deinen Sohn anrufen. Also lass uns jetzt besser losgehen.«

Karl: »Nein, nein, kein Geld, komm mit.«

MB: »Na gut.«

Ich folgte ihm mit einem mulmigen Gefühl im Magen und war auf alles gefasst. Er führte mich in seine Garage zu den Winterreifen seines Mercedes. Hier hielt er kurz inne und griff zielsicher nach einer der Felgen. In diesem Moment fiel ein Schlüssel vor unsere Füße, der wohl in der Felge versteckt war. Karl schaute mich dabei grinsend an, und ich hob den Schlüssel auf. Es handelte sich dabei ganz offensichtlich um einen Autoschlüssel. Ich hielt ihm diesen noch mal kurz vor seine Augen, und er nickte.

Karl: »Das ist mein Autoschlüssel.«

MB: »Du meinst den Schlüssel von dem Mercedes, der da in der Garage steht?«

Er nickte bestätigend mit dem Kopf, ohne dabei sein Grinsen zu verlieren.

MB: »Du möchtest mit dem ins Stadion fahren«?

Karl: »Ja, und du fährst.«

Da stand ich nun vor einem fast neuen SL 500 Roadster mit satten 388 PS und acht Zylindern. Allein sein Neupreis lag weit über 100 000 Euro, also weder für eine Pflegekraft noch für einen Sachbuchautor je zu finanzieren. Selbst etwas nervös, probierte ich den Schlüssel. Das Auto öffnete sich automatisch.

MB: »Also, du bist dir wirklich sicher?«

Karl: »Na klar, der ist doch mir.«

MB: »Na dann, liebe Fahrgäste, bitte Platz nehmen und anschnallen. Unser Reiseziel ist das Dortmunder Westfalenstadion. Laut Navigationsgerät landen wir genau in 22 Minuten. Lehnen Sie sich zurück und genießen Sie die Fahrt.«

Dabei lachten wir beide recht herzlich, und ich ließ die Maschine an.

Ich war mir sicher, dass sein Sohn und dessen Ehefrau geplatzt wären, wenn sie das gewusst hätten. Allein mit diesem Wissen machte die Fahrt gleich noch viel mehr Spaß. Das Fahren war reinste Sahne, sanftes Gleiten, es gab keine unangenehmen Fahrgeräusche durch klappernde Kunststoffteile und die Beschleunigung glich einem Rennwagen. Wow, welch Fahrgefühl, Luxus pur! Wir genossen es beide.

So fuhren wir nach knapp 20 Minuten recht standesgemäß am Borussenstadion vor. Schon auf den vielen Parkplätzen war die Stimmung der Fans beeindruckend, und ich hoffte nur, dass der Nobelschlitten nicht allzu sehr auffallen würde. Die Fans waren zum Glück mehr mit dem anstehenden Spitzenklassikerspiel beschäftigt. Eingehüllt in gelb-schwarze Fahnen, teilweise mit Trommeln und Fanfaren ausgestattet, lief eine gigantische Menschenmasse in Richtung Eingangstore. Von den Bayern-Anhängern war hier auf jeden Fall recht wenig zu sehen und zu hören.

Ich parkte das Auto, und zum Glück waren wir früh genug vor Ort, denn wir brauchten gut 30 Minuten für den Fußweg zum Stadion. Karl benötigte alle 100 Meter eine Pause, doch die begeisterte Atmosphäre trieb ihn ohne jegliche Beschwerden voran. Jetzt nur noch durch die Einlasskontrolle, und der Weg ins Stadion war frei.

Es war schon beeindruckend, in das ausverkaufte Fußballstadion zu gehen. Jeder einzelne Herzschlag wurde von Trommeln und Fanfarenklängen begleitet, ganz schnell waren auch wir in bester Fußballstimmung.

Jetzt stand ich also zum ersten Mal in dem Fußballtempel,

in dem der von den Fans verehrte »Fußballgott« Jürgen Kohler noch vor Jahren seine Kunst zelebrierte. Kurz vor Anpfiff der Partie nahmen wir auf unseren Sitzen Platz. Karl war nicht nur die Anspannung, sondern besonders die Anstrengung anzusehen, und ich machte mir schon Sorgen, ob es eine gute Idee gewesen war, mit ihm hierherzukommen. Besonders die Dominanz der Bayern in der ersten Halbzeit setzte ihm zu, und ich überlegte, mit ihm beim Pausenpfiff das Stadion verlassen. Allein unter knapp 80 000 Menschen zu sitzen und deren Stimmungsschwankungen direkt mitzubekommen, kann den Puls schon mal deutlich ansteigen lassen. Der lange Fußweg vom Parkplatz bis hierher hatte ihn ziemlich belastet. Während der Pause nickte er auch schon mal kurz weg und verharrte starr auf seinem Sitzplatz.

So war ich froh, als nach 15 Minuten zur zweiten Halbzeit angepfiffen wurde. Die Pausenansprache des Dortmunder Trainers Jürgen Klopp zeigte bei seinen Spielern Wirkung. Besonders die jungen Nachwuchsspieler wie zum Beispiel Neri Sahim gaben jetzt so richtig Gas. Die Bayern schienen mit dem Tempo überfordert, und so kam der BVB zu seinen ersten Chancen – mit jeder einzelnen wuchs die Stimmung im Stadion.

Erst als Sahim zu Barios flankte und der den Ball ins gegnerische Tor schoss, wusste ich, wozu die gut 65 000 Borussenfans in der Lage waren. Das ganze Stadion kam in Bewegung, und der Geräuschpegel war vergleichbar mit einem Rockkonzert.

Auch neben uns sprangen alle zur gleichen Zeit auf, nur Karl fehlte dazu die Kraft, und er blieb umarmt von drei Borussen-Fans auf seinem Platz sitzen. Die Pflegekraft in mir mahnte derweil zur äußersten Vorsicht, denn das könnte tatsächlich etwas zu viel für den pflegebedürftigen, alten Herrn sein. Obwohl er aus dem Lachen nicht mehr herauskam, weil Sahim nur elf Minuten später zum zweiten Treffer einschoss, machte ich mir jetzt schon Sorgen um den Rückweg.

Ab diesem Zeitpunkt fiel es mir wirklich schwer, das gute und schnelle Fußballspiel zu genießen. Schließlich hatte ich eine enorme Verantwortung für einen Menschen, der nicht in der Lage war, diese für sich selbst zu tragen. Diese Last wog schwer auf meinen Schultern, und ich hoffte innerlich, dass alles ein gutes Ende nimmt.

So nahm ich ihn schon kurz vor Spielende an die Hand und wollte das Stadion verlassen. Er machte mir allerdings recht schnell klar, dass ein Fußballspiel mit dem Schlusspfiff des Unparteiischen endet. Diesen sehnte ich dann auch herbei und entschloss mich, mit dem Rückweg doch besser noch zu warten, bis sich das Stadion etwas geleert hatte.

Da allerdings die Borussen es tatsächlich geschafft hatten, die Favoriten aus Bayern mit 2 : 0 vom Platz zu fegen, wollten mir die Borussen nicht den Gefallen tun, schnell das Stadion zu verlassen. Erst nach einer guten halben Stunde war es überhaupt möglich, mit einem Pflegebedürftigen die Tribüne zu verlassen, und schon auf dem Weg zum Ausgang merkte ich, wie schwach und müde Karl tatsächlich war. Niemals würde er in diesem Zustand den weiten Weg zum Parkplatz schaffen.

Als wir die Platzordner passierten, fiel mir ein Klappstuhl ins Auge, der uns zunächst retten sollte. Karl verlor immer mehr Kraft und drohte, auf die Straße zu fallen. Ein aufmerksamer Ordner stand mir zu meinem Glück sofort zur Seite. Gemeinsam schleppten wir den alten Herrn bis zu diesem Klappstuhl, und er sackte vollkommen kraftlos in den Sitz. Bis hierhin und keinen Schritt weiter, waren seine klaren Signale an uns, und wir begriffen.

Ordner: »Weiter hat wohl keinen Sinn. Soll ich den Krankenwagen rufen?«

In diesem Moment dachte ich sofort an seinen Sohn, der immerhin die Betreuung innehatte und der natürlich vollkommen ahnungslos war. Sollte der jetzt mitbekommen, dass wir mit dem teuren Auto in Dortmund unterwegs waren, würde es erheblichen Ärger geben. Doch Karl war lediglich kraftlos und müde, ansonsten hatte ich nicht das Gefühl, einen Notarzt zu benötigen.

MB: »Nein, das ist nicht notwendig. Du könntest mir allerdings einen Gefallen tun.«

Ordner: »Wie kann ich dir helfen?«

MB: »Könntest du vielleicht kurz auf ihn ein Auge werfen? Ich würde dann schnell das Auto vom Parkplatz holen, okay?«

Ordner: »Ja, das geht in Ordnung.«

MB: »Super, vielen Dank!«

Schon war ich auf dem Weg zum Auto und hatte fast vergessen, mit welcher Luxuskarosse ich unterwegs war. Hoffentlich war am Mercedes noch alles dran – den feiernden Borussenfans war ja alles zuzutrauen ... Nach gut zehn Minuten erreichte ich den Wagen, und Gott sei Dank war nichts passiert.

Sofort war ich wieder auf dem Weg zurück zu Karl und dem Ordner. Dieser machte große Augen, als ich mit dem SL 500 vorfuhr. Solche Autos war er eigentlich nur von den Fußballprofis gewohnt, und die hatten alle ihren bewachten Parkplatz.

Ordner: »Wo hast du denn mit dem Auto geparkt?«

MB: »Auf eurem öffentlichen Parkplatz – wo denn sonst?«

Ordner: »Mutig, mutig. So einen Wagen – und das als Tipp für deinen nächsten Besuch bei uns im Stadion – parkt man nur auf einem bewachten Parkplatz. Da hast du Glück gehabt.«

MB: »Ja, hast recht, doch ich fahre den auch zum ersten Mal.«

Karl war seelenruhig auf seinem Klappstuhl eingeschlafen, und erst als ihm der bullige Ordner einen sanften Stoß versetzte, kam er wieder zu sich. Als er mich mit seinem Auto erkannte, grinste er kurz, und mit Hilfe des netten Ordners saß er auch schon bald neben mir und wir fuhren schnell heim.

Zu Hause war ich mehr als erleichtert, als Karl in seinem Bett lag.

Am nächsten Morgen stand er nicht wie üblich um 6 Uhr an meinem Bett. Ich hatte mich mittlerweile an diese frühe Zeit gewöhnt und hoffte, dass alles in Ordnung war. Als er nach mehr als einer Stunde immer noch nicht aufgestanden war, schaute ich doch besser mal nach.

Karl schlief noch tief und fest, und mir wurde bewusst, wie sehr ihn der Stadionbesuch geschlaucht hatte. Erst gegen 9 Uhr machte er sich so langsam bemerkbar, und meine ersten Befürchtungen waren umsonst. Seine Laune war bestens, und er machte hoch motiviert sein Gedächtnis- und Lauftraining. Allerdings bemerkte ich eine Veränderung zu den letzten Wochen. Der Besuch im Stadion hatte bei ihm noch mehr das Bedürfnis geweckt, schnellstmöglich wieder fit zu werden. Mit den einstündigen Trainingseinheiten war er nicht mehr zufrieden und verlangte zusätzliche Spaziergänge. Ich musste ständig aufpassen, dass er seine Fähigkeiten dabei nicht überschätzte und mit dem Training überzog.

In der folgenden Woche hatte ich somit eher die Aufgabe, ihn zu bremsen, statt ihn zu überfordern. Das klingt zunächst sehr einfach, doch halten Sie einmal einen Mann, der die Lust an der Bewegung gerade wiederentdeckt hat, davon ab.

Immer wieder musste ich ihm klarmachen, dass er aufgrund seiner Erkrankung seine Konstitution besser langsam und stetig wieder aufbaut. Er war der Meinung, dass er gar auf seinen Mittagsschlaf verzichten und derweil noch seine Gehfähigkeit trainieren könnte. Mir gingen schon mehr und mehr die Argumente aus. Andere Möglichkeiten, auf ihn einzuwirken, hatte ich ja nicht. Zu meiner Sicherheit zog ich seinen Hausarzt hinzu und kontrollierte mehrmals täglich seinen Puls und Blutdruck. So gelang es uns gemeinsam, ihn wenigstens von einem 30-minütigen Mittagsschlaf zu überzeugen.

Der Heimlich-Griff – Ich rette Karl das Leben

Sein Sohn ließ sich wie gewohnt die ganze Woche nicht blicken, dabei hätte er eigentlich als sein Betreuer die ganzen Gespräche mit dem Hausarzt führen müssen. Am folgenden Sonntag hatten wir uns mit seinem Hausarzt und dessen Frau zum Spazierengehen verabredet. An diesem wunderbaren Spätherbsttag war Karl in guter Form. Sicherlich zog er sein Bein immer noch nach, doch die Muskelkraft hatte deutlich zugenommen, und sein Gang wurde dadurch immer sicherer. Selbst sein Hausarzt zeigte sich überrascht und freute sich mit Karl über diesen Fortschritt.

In einem Café an einem Baggersee gönnten wir uns gemeinsam frisch gebackenen Kuchen, und die Welt hätte an diesem Tag nicht schöner seiner können. Erst gegen Abend fuhren wir wieder zurück, schließlich wartete die Sportschau mit den aktuellen Spielergebnissen auf uns.

Während Karl sich um den Fernseher kümmerte, duschte ich im Bad und hatte eigentlich mit dem Tag schon abgeschlossen. Auf einmal hörte ich einen lauten Knall. Sofort war mir klar, dass im Wohnzimmer irgendetwas passiert war. Ich riss die Tür auf und sah Karl reglos auf dem Boden liegen. Es war nahezu totenstill, und sein Kopf war tiefblau angelaufen. Mein Herz begann so laut zu schlagen, dass es deutlich im Brustkorb zu spüren war. Adrenalin schoss durch meinen ganzen Körper, und meine Hände begannen zu zittern. Gleichzeitig lief in meinem Hirn das beim Erste-Hilfe-Kurs erlernte Notprogramm ab. Ich lief zunächst in die Küche, besorgte schnell einen Löffel, womit ich seine Zunge, die in den Rachen gerutscht war, wieder befreite. Dabei hoffte ich natürlich, dass er danach wieder nach Luft schnappen würde, doch er blieb mit immer noch blauem Kopf regungslos auf dem kalten Fliesenboden liegen.

Mittlerweile hatte ich ihn in die stabile Seitenlage gebracht, und mit meinem Handy den Notarzt alarmiert. Doch als ich ihn so liegen sah, war mir klar, dass er die 15 Minuten bis zu dessen Eintreffen wahrscheinlich nicht überleben würde.

Ich zitterte am ganzen Körper und war schon etwas ratlos. Was konnte ich denn jetzt noch für Karl tun? Ich versuchte es mit einer Mund-zu-Nasen-Beatmung, aber auch dadurch schien kein Erfolg sichtbar zu werden. Sein Kopf und mittlerweile auch seine Gliedmaßen waren immer noch ganz blau, seine Hose bereits voller Urin und Kot. Verzweifelt saß ich auf ihm und kämpfte mit allen Mitteln um sein Leben. Als alles wirkungslos blieb, war ich nur noch ratlos. In diesen Momenten wurde mir bewusst, wie lange 15 Minuten werden können. Gefühlt waren bereits Tage vergangen und vom Notarzt noch keine Spur. Es hieß also, den Kopf nicht in den Sand zu stecken, sondern weiterzukämpfen. Da fiel mir nur noch ein Mittel ein, und in meiner ganzen Verzweiflung schlug ich mit aller Kraft mit meiner Faust auf seinen Brustkorb.

In diesem Moment schien sich irgendetwas zu lösen, und er schnappte nach Luft. Gedanklich hatte ich sein Leben schon fast aufgegeben, und dass er tatsächlich noch einmal zu sich kam, erschien mir wie ein kleines Wunder. Innerhalb von Sekunden war der soeben bewusstlose alte Herr wieder bei Besinnung und atmete wieder selbstständig.

MB: »Karl, verstehst du mich?«

Karl: »Ja, was ist passiert?«

MB: »Mach dir keine Sorgen, alles wird gut.«

Ich wechselte seine Hose und packte seine Sachen fürs Krankenhaus. Als ich versuchte, ihn vom Boden wieder auf sein Bett zu befördern, hörte ich das Martinshorn. So ließ ich Karl am Boden liegen und war heilfroh, als der junge Rettungssanitäter und eine Notärztin vor mir standen. Als Karl in deren Obhut war, löste sich so langsam meine Anspannung, so dass ich in der Lage war, der Notärztin über das soeben Geschehene genaue Auskunft zu geben.

NÄ: »Sie haben ja schon unsere Arbeit gemacht. Da kann er Ihnen wirklich dankbar sein. Wir nehmen ihn jetzt mit zu weiteren Untersuchungen ins Krankenhaus.«

MB: »Dann muss ich dringend seinen Sohn informieren, denn der ist sein Betreuer.«

NÄ: »Machen Sie das, und nochmals danke!«

Zu diesem Zeitpunkt war Karl bereits mit sämtlichen Messgeräten über unzählige Kabel verbunden und lag zum Abtransport bereit auf einer Trage. In seinem Gesicht sah ich Angst und Unsicherheit.

Karl: »Junge, was passiert mit mir?«

MB: »Die nette Ärztin nimmt dich mit ins Krankenhaus, da werden sie dich mal vernünftig auf den Kopf stellen. Mach dir keine Sorgen, jetzt bist du in besten Händen.«

Karl: »Und was machst du?«

MB: »Ich räum hier mal auf und warte, bist du wieder zurück bist …«

Karl: »Lass mich hier jetzt bitte nicht allein!«

MB: »Ist es dir lieber, wenn ich mit ins Krankenhaus komme?«

Karl: »Ja, bitte!«

Die Notärztin nickte mir dabei verständnisvoll zu, und so waren wir in nur wenigen Minuten in der Notaufnahme des Krankenhauses. Nach den üblichen Untersuchungen stellte sich heraus, dass Karl für die nächsten Tage zur Überwachung im Krankenhaus bleiben sollte. Erst als er auf der Station in seinem Einzelzimmer eingeschlafen war, verließ ich die Klinik.

In diesem Moment fiel mir erst auf, dass ich seinen Sohn noch gar nicht informiert hatte. Ich erreichte ihn über das Handy. Er nahm die Nachricht sehr gelassen hin.

So langsam fiel die Anspannung des soeben Erlebten von mir ab. Was für eine Verantwortung hatte ich in den letzten Wochen übernommen? Dies wurde mir erst jetzt, nachdem ich Karl in der Obhut des Krankenhauses wusste, so richtig bewusst. Mein Körper baute langsam das Adrenalin ab, und als ich am Abend mein Erlebtes ins Tagebuch eintrug, kamen mir tatsächlich einige Tränen. Ich musste auch an meine Erste-Hilfe-Ausbildung im Pflegebasiskurs denken – wie gut, dass wir den Heimlich-Griff so oft geübt hatten.

Bereits nach zwei Tagen wurde Karl aus dem Krankenhaus entlassen. Die Nachuntersuchungen hatten nichts Besonderes ergeben, Puls sowie Blutdruck waren wieder im normalen Bereich. Er selbst machte den Eindruck, als wäre nichts passiert. Zu seinem Glück hatte dieser Zwischenfall keine Auswirkungen auf seine wiedergewonnenen Sprach- und Bewegungsfähigkeiten. So stand er bereits am nächsten Tag, als wäre nichts geschehen, wie üblich um 6 Uhr in meinem Zimmer.

Elena – die preiswerte Pflegerin aus Polen

Sein Sohn hatte sich während der ganzen Zeit nicht einmal blicken lassen, und der erste Monat ging langsam seinem Ende zu. Meinen neuen Arbeitsvertrag hatte ich natürlich immer noch nicht erhalten und so befürchtete ich, wohl nur die Hälfte meiner Arbeit auch tatsächlich entlohnt zu bekommen.

Als ich jedoch am fünften Tag des Folgemonats immer noch keine Abrechnung hatte, war es an der Zeit, den Druck auf den Sohn zu erhöhen. Er hatte noch keinen Ersatz gefunden und war auf mich angewiesen. Bei seinem nächsten Besuch stellte ich ihn zur Rede:

MB: »Was ist eigentlich mit meiner Gehaltsabrechnung?«

Sohn: »Die ist bereits auf dem Weg!«

MB: »Das ist aber ein langer Weg, wie haben immerhin schon den 7. des Monats. Ich muss auch meine Miete bezahlen, und zwar dringend!«

Sohn: »Ja, das wird schon.«

MB: »Nein, wissen Sie was? Ich gebe Ihnen genau noch 48 Stunden, bis mein wohlverdienter Lohn auf meinem Konto gutgeschrieben ist. Sonst bin ich weg!«

Sohn: »Jetzt hauen Sie mal nicht so auf den Putz. So gut scheinen Sie Ihre Arbeit auch nicht gemacht zu haben – oder?«

MB: »Ganz langsam, was meinen Sie?«

Sohn: »Hätten Sie alles richtig gemacht, wäre mein Vater doch niemals umgekippt!«

MB: »Es ist wohl besser, dass Sie jetzt gehen, bevor ich mich vergesse, und denken Sie an mein Geld und vor allem auch an meine Ablösung.«

Wütend über das soeben Gehörte verließ ich das Haus und war bereit, nicht mehr zurückzukehren. Sollte der verwöhnte Sohn doch selbst auf seinen Vater aufpassen!

Erst nach einem ausgedehnten Spaziergang kehrte ich zum Haus zurück und war verwundert, dass Karl tatsächlich allein war. Sein Sohn hatte sich auf mein Verantwortungsgefühl verlassen und wusste, dass meine Empathie zu Karl groß war.

Meine Arbeit wurde nach dem Zwischenfall immer belastender. Auf der einen Seite war ich froh, dass bei Karl nichts von seinen erlernten Fähigkeiten verloren gegangen war und er täglich Neues lernte. Auf der anderen Seite wuchs die psychische Belastung bei mir. Dies wurde mir am folgenden Tag so richtig bewusst, als der wöchentliche Einkauf anstand. Bisher hatte ich Karl immer allein im Haus zurückgelassen, doch das ging jetzt nicht mehr. Denn hätte er seinen Anfall zu diesem Zeitpunkt gehabt, wäre er bestimmt nicht mehr am Leben. Genau dieser Tatbestand erschwerte es mir jedes Mal, ohne ihn das Haus zu verlassen. Selbst wenn ich nur in zehn Minuten seine Rezepte beim Hausarzt abholte, machte ich mir Sorgen.

Dabei musste ich an all die Frauen denken, die ihre pflegebedürftigen Männer zu Hause versorgen. Jetzt wurde mir klar vor Augen geführt, warum diese kaum ein eigenes Leben haben. Selbst ein einfacher Besuch bei einer Freundin wird zu einem Problem. So verlieren sie mehr und mehr den Kontakt zur Außenwelt und vereinsamen.

Nach zwei Tagen stand der Sohn tatsächlich mit meiner Abrechnung vor der Tür. Er hatte wohl meine Drohung ernst genommen und meinen Lohn dabei. Statt mir allerdings den vereinbarten Lohn von 4000 Euro brutto für meinen Einsatz zu gewähren, wies meine Abrechnung einen Bruttolohn von lediglich 3000 Euro aus. Nach Abzug des Vorschusses, der Sozialversicherungsbeiträge und Steuern blieben mir 1831 Euro netto zur Verfügung.

So viel hatte ich bei all meinen vorherigen Recherchen nie verdient, doch lohnte es schon, einmal genauer hinzusehen. Immerhin war ich einen ganzen Monat nahezu jeden Tag im Einsatz, das ergab für den letzten Monat eine Einsatzzeit von ganzen 28 Tagen. In diesen 28 Tagen war ich 24 Stunden je Tag vor Ort. Doch was ist hiervon Arbeitszeit und was nicht?

Nehmen wir an, es sind täglich 12 Arbeitsstunden und 12 Stunden ständiger Bereitschaft, dann sind das 336 reine Pflegestunden und 336 Stunden in Bereitschaft. Wenn man – wie üblich – die Hälfte der Bereitschaftszeit als Arbeitszeit anrechnet, habe ich genau 504 Stunden gearbeitet. Bei einem Mindestlohn in der Pflege von 8,50 Euro pro Stunde würden mir eigentlich 4284 Euro zustehen – doch wer kann sich das leisten?

Dem Sohn von Karl waren selbst die 3000 Euro im Monat bereits viel zu viel, und so sorgte er im Sinne seines Erbes für billigen Ersatz.

Bereits eine Woche später war es soweit:

Sohn: »So, machen wir es kurz. Ich habe Ersatz für Sie gefunden. Das hier ist Elena aus Polen, und sie wird ab heute auf meinen Vater aufpassen.«

MB: »Also möchten Sie mich rausschmeißen?«

Sohn: »Ja, Sie sind ja noch in der Probezeit. Bitte zeigen Sie ihr noch das Notwendigste, und dann können Sie gehen.«

Im Internet hatte er für 1650 Euro im Monat tatsächlich Ersatz gefunden! Ich packte meine Sachen und machte eine Übergabe mit der Kollegin. Als ich mich von Karl verabschiedete, hatte er Tränen in den Augen.

Fazit: Eine neue Pflege –
Wir schaffen es nur gemeinsam

Seit dem 1. Mai 2011 sind nicht nur Pflegekräfte aus Polen bereit, zu Niedriglöhnen unsere pflegebedürftigen Menschen zu versorgen. Mit diesem Datum entfallen sämtliche Beschränkungen wie Arbeitserlaubnis und Verwaltungsverfahren, um in Deutschland arbeiten zu dürfen. Auch für die acht osteuropäischen Länder, Estland, Lettland, Litauen, Polen, Slowakei, Slowenien, Tschechien und Ungarn, gilt die so genannte Arbeitnehmerfreizügigkeit. Sie erlaubt es den EU-Bürgern, in jedem Mitgliedsstaat unter den gleichen Bedingungen wie die Bürger dieses Landes eine Beschäftigung auszuüben. Somit erhalten die der EU beigetretenen Staaten einen uneingeschränkten Zugang zum deutschen Arbeitsmarkt.

Vor allem in Polen und Litauen hat man sich seit etwa einem Jahr auf diesen 1. Mai 2011 vorbereitet. Spezielle Sprachkurse und eine kurze Einführung in den Pflegealltag sollten oft als Qualifikation für den deutschen Pflegemarkt genügen. Seither sprießen in Polen die Pflegeunternehmen wie Pilze aus dem Boden und unterbieten sich mittlerweile mit preisgünstigen Angeboten im Kampf um jeden Pflegebedürftigen. Die Nachrichten aus Litauen lauten nicht anders, auch hier sind Menschen bereit, über mehrere Monate ohne Unterbrechung bei Pflegebedürftigen zu arbeiten. Dabei ist ein aggressiver Verdrängungswettbewerb entstanden, der zu immer niedrigeren Entlohnungen führt. So darf es keinen wundern, dass es mittlerweile gar Angebote unter 1000 Euro im Monat für die ambulante Vollversorgung zu Hause gibt.

Der Politik in unserem Land scheint diese Entwicklung in die Karten zu spielen und das seit Jahren bestehende Kartell des Schweigens zu stützen. Hinsichtlich der Betreuung und Versorgung von Pflegebedürftigen fielen den entscheidenden Politikern bis heute weder Verbesserungen noch innovative Neuerungen ein. Dem seit Jahren bestehenden System der industriellen Pflege wurde lediglich ein fadenscheiniger Mantel von angeblicher Qualität übergezogen. Seither sprechen Politik, Heimaufsichtsbehörden und die beteiligten Pflegeunternehmen nur noch von erstklassiger Qualität in der Pflege.

Damit werden in erster Linie die über 2,3 Millionen Menschen verhöhnt, die täglich der Pflege bedürfen, aber nur unzureichend betreut und versorgt werden. Und es ist ein Schlag ins Gesicht der über 600000 in der Pflege beschäftigten Menschen, die mit immer weniger Personal angeblich immer bessere Qualität leisten. Skrupellos werden die Pfleger und Pflegerinnen ausgenutzt, die aus tiefem Verantwortungsgefühl gegenüber älteren und kranken Menschen versuchen, der industriellen Abfertigung etwas Menschlichkeit entgegenzusetzen – und das meist auf Kosten ihrer Freizeit und eigenen Gesundheit. Während meiner Recherche habe ich keine Pflegekräfte kennengelernt, die nur ihren »Job abgearbeitet haben«. Alle waren unglücklich über diese Zustände in der Pflegebranche, viele ausgebrannt und mutlos.

Um die Patienten menschlich versorgen zu können, fehlt es in erster Linie an finanziellen Mitteln für eine ausreichende personelle Ausstattung. Gerade in der ambulanten Pflege müssten die Pflegesätze endlich denen der Heimunterbringung angepasst werden. Dazu fehlt den führenden Politikern in unserem Land allerdings schon seit Jahren der Mut, denn ein solcher Schritt würde automatisch eine Erhöhung der Pflegeversicherung nach sich ziehen. Die damit verbundene Erhöhung der Sozialabgaben würde eine Wiederwahl wohl deutlich gefährden. Die Lobbypartei FDP will sogar das Pflegesystem entsolidarisieren und durch eine zusätzliche kapitalgedeckte Komponente unser Schicksal in die Hände privater Versicherungsunternehmen legen. Dabei bin ich nach meinen Recherchen mehr denn je überzeugt, dass wir dieses gesellschaftliche Problem nur gemeinsam und solidarisch lösen können.

Nach wie vor wird das große Problem der Überalterung unserer Bevölkerung mit all seinen Auswirkungen weitgehend verdrängt. Altwerden und Gebrechlichkeit passen nicht in unsere erfolgsorientierte und gewinnmaximierte Gesellschaft. Aber auch die Alten und Gebrechlichen sind ein Teil, mittlerweile ein Großteil, unserer Gesellschaft und es ist die Aufgabe aller, sich um ihre menschenwürdige Betreuung zu sorgen. Dabei sollte jeder daran denken, dass er eines Tages vielleicht selbst auf fremde Hilfe angewiesen sein wird.

In den zwölf Monaten meiner Recherche fiel mir dabei ganz besonders das fehlende Engagement der Wohlfahrts- und Pflegeverbände auf. Obwohl ihnen allen bewusst sein muss, dass mit den vorhandenen Mitteln im ambulanten Bereich kaum eine menschliche Versorgung gewährleistet werden kann, bleiben die öffentlichen Beschwerden aus. Wie ein Chamäleon passen sie sich seit Jahren den immer schlechteren Bedingungen an und reagieren z.T. sogar mit der Gründung eigener Leiharbeitsfirmen, um die eigenen Tarife zu unterwandern, wie ich es bei einem kirchlichen Träger in Berlin erlebt habe. Die menschenwürdige Pflege, vollmundig als Philosophie in Hochglanzprospekten angepriesen, bleibt dabei schon seit Jahren auf der Strecke. Es ist auch hier an der

Zeit, dass die Verbände ihre guten politischen Beziehungen für das eigene Personal und die anvertrauten Pflegebedürftigen spielen lassen.

Längst spricht man in der ambulanten Pflege nicht mehr von einem Pflegeschlüssel mit einer vorgeschriebenen Quote von mindestens 50 Prozent an ausgebildeten Kräften. Im Gegenteil: Ganz offen wird von der Pflegebranche zugegeben, dass bis zu 90 Prozent Hilfspersonal im häuslichen Bereich pflegerisch tätig ist. *Mit abnehmenden finanziellen Mitteln und einer unerhört hohen Quote an Hilfskräften steigt seit Jahren die Qualität in der ambulanten Pflege!?* Wie dies funktionieren soll, konnte mir bisher allerdings keiner der Beteiligten erklären.

Für die Pflegekräfte in unserem Land gilt es, sich endgültig flächendeckend zu organisieren und durch Streiks die Öffentlichkeit stetig über die prekären Arbeitsbedingungen zu informieren. Ich bin davon überzeugt, dass man nur gemeinsam die bestehenden Versorgungsprobleme überwinden kann. Dabei sehe ich als erste Aufgabe, dass der gesetzliche Mindestlohn tatsächlich bezahlt wird. Während meiner gesamten Recherche wurde dieser nicht an eine einzige Pflegekraft ausgezahlt. Wer Menschen täglich industriell abfertigen muss und dies weiterhin klaglos hinnimmt, darf nicht erwarten, dass sich die Situation von selbst ändert. Es ist längst an der Zeit, sich gegen die schlechten Arbeitsbedingungen, gegen Niedriglöhne und Leiharbeitsverhältnisse aufzulehnen. Dabei gilt es auch die Pflegekräfte aus Polen und anderen EU-Ländern mitzunehmen, denn nur so kann verhindert werden, dass die beiden Gruppen gegeneinander ausgespielt werden.

Auch die Angehörigen müssen in die gemeinsamen Bemühungen einbezogen werden. Durch stetige Information und

Weiterbildung in den von Wohlfahrtsverbänden neu gegründeten Pflegestützpunkten müssten die Angehörigen am Pflegeprozess noch mehr beteiligt werden.

Die ambulante Pflege ist und wird weiterhin Bestandteil einer sich neu zu entwickelnden Community Care sein. Darunter verstehe ich ein Sorge- und Betreuungsnetz aus verschiedenen Anbietern: ambulante und kommunale Einrichtungen, private Pflegedienste, sozial engagierte Bürger mit dem gemeinsamen Ziel einer menschenwürdigen und finanzierbaren Pflege.

Dass die Pflege für zu Betreuende und Pflegekräfte menschenwürdig gelingen kann, zeigen einige Vorzeigemodelle in unserem Land. Gerade das Team um das Netzwerk Pflege in Berlin lebt täglich vor, was möglich ist. Obwohl hier immerhin eine ganzheitliche Pflege praktiziert wird, fehlen auch hier die finanziellen Mittel, das Personal adäquat zu entlohnen. Um die Probleme in der Pflege tatsächlich zu überwinden, werden Mut, Kreativität und die notwendigen finanziellen Mittel benötigt. Dass dies irgendwann erkannt und auch umgesetzt wird, lässt mich weiter hoffen. Bis sich eines Tages eine am einzelnen Menschen orientierte Pflege etabliert, ist es allerdings noch ein weiter Weg …

Einen kleinen Schritt in die richtige Richtung beschloss der Bundestag mit dem sogenannten Pflege-Neuausrichtungs-Gesetz im Oktober 2012. Für den ambulanten Bereich bedeutet dies eine Verbesserung der Versorgung von Demenzkranken und eine leichte Entlastung von pflegenden Angehörigen. Jetzt können die ambulanten Pflegedienste neben der Grundpflege und der hauswirtschaftlichen Versorgung auch gezielt Betreuungsleistungen anbieten. Zugleich wird es ab 2013 höhere Leistungen für demenziell erkrankte Menschen geben. In der Pflegestufe 0 erhalten sie erstmals Pflegegeld oder Pflegesachleistungen, in 1 erhalten sie um 70 Euro höheres Pflegegeld von insgesamt 305 Euro, in 2 wurde der Betrag um 85 Euro auf 525 Euro aufgestockt. Dies ist zwar eine minimale Anpassung an die längst notwendige Gleichstellung mit der Förderung bei Heimunterbringung, allerdings erhält man hier immer noch mehr als das Doppelte. Von einer Einhaltung des Grundsatzes »zu Hause vor Heimunterbringung« ist man also noch weit entfernt.

Die Situation der pflegenden Angehörigen versucht man durch eine bessere rentenversicherungsrechtliche Absicherung und einer weiteren finanziellen Entlastung bei der Kurzzeit- oder Verhinderungspflege zu stärken und zu stabilisieren. Finanziert wird dies durch eine Erhöhung des Beitragssatzes um 0,1 % zum 1. Januar 2013 und dem gleichzeitigen Einstieg in die Förderung privater Pflegeversicherungen ähnlich wie bei der Riesterrente mit einer staatlichen Zulage von 60 Euro im Jahr. Genau betrachtet bleibt nahezu alles beim Alten in einem unmenschlichen System der Pflege nach Zeit, und eine dringend notwendige Entlastung der Pflegekräfte bleibt aus. So dass von einem Tropfen auf den heißen Stein, aber in gar keinem Fall von einer Neuausrichtung die Rede sein kann.

Anhang –
Adressen und Informationen

Alzheimer Angehörigen-Initiative e.V.
Reinickendorfer Straße 61
13347 Berlin
Tel. 030/47373995
www.Alzheimer-Organisation.de

Beratung in der Pflege e.V.
Pfarrer-Kraemer-Straße 15
44795 Bochum
Tel: 0234/29885639
Fax: 0234/29885638
info@beratunginderpflege.de
www.beratunginderpflege.de
Psychosoziale Unterstützung für Menschen, die mit einer Erkrankung konfrontiert sind. Beraten werden chronisch Erkrankte und ältere Menschen, aber auch pflegende Angehörige.

Das medizinische Netzwerk
Geschäftsführerin Sandra Sievers
Attilastraße 26
12105 Berlin
Tel.: 030/8180779
info@sandra-sievers.de
www.sandra-sievers.de

Netzwerk von Freiberuflern in der Pflege
(siehe Buch Seite 153)

Deutsche Alzheimer Gesellschaft e.V.
Friedrichstraße 236
10969 Berlin
Tel: 030/25937950
info@deutsche-alzheimer.de
www.deutsche-alzheimer.de

Deutsche Hospiz Stiftung
Europaplatz 7
44269 Dortmund
Tel: 0231/738073–0
Fax: 0231/738073–1
info@patientenschuetzer.de
www.hospize.de
Patientenschutzorganisation für Schwerstkranke und Ster-
bende sowie deren Angehörige. Es werden Fragen rund um
die Themen Selbstbestimmung und Aufenthalt im Pflegefall,
Vorsorge und Sterbebegleitung sowie Patientenverfügung
beantwortet und Ansprechpartner in der Nähe vermittelt.
Patientenschutz-Telefon in drei Städten:
Dortmund: 0231/788073–0
Berlin: 030/2844484–0
München: 089/202081–0

Deutscher Berufsverband für Altenpflege e.V.
Bundesgeschäftsstelle
Sonnenwall 15
47051 Duisburg
Tel: 0203/299427

Fax: 0203/27468
info@dbva.de
www.dbva.de

Deutscher Berufsverband für Pflegeberufe
Geisbergstraße 39
10777 Berlin
Tel. 030/2191570
dbfk@dbfk.de
www.dbfk.de

Deutsche Parkinson Vereinigung e.V.
Moselstraße 31
41464 Neuss
Tel. 02131/740470
info@parkinson-vereinigung.de
www.parkinson-vereinigung.de

Deutscher Pflegeverband e.V.
Mittelstraße 1
56564 Neuwied
Tel. 02631/83880
info@dpv-online.de
www.dpv-online.de

Handeln statt Misshandeln – HSM e.V.
Goetheallee 51
53225 Bonn
Tel: 0228/636322 (Beratungsstelle)
Fax 0228/636331
info@hsm-bonn.de
www.hsm-bonn.de

Krisenberatungsstelle & Notruf-Telefon für Fachkräfte, Betroffene und Angehörige. Vermittlung von Gesprächskreisen und Experten.

Institut für Pflegewissenschaften
Universität Witten/Herdecke GmbH
Stockumer Straße 12
58453 Witten
Tel. 02302/669358
www.uni-wh.de/gesundheit/pflegewissenschaft/
Erste Universität für Pflegewissenschaften in Deutschland

Pflege-Selbsthilfeverband e.V.
Am Ginsterhahn 16
53562 St.Katharinen
Tel: 02644/3686
Fax: 02644/80440
info@pflege-shv.de
www.pflege-shv.de
Hilfe zur Selbsthilfe für Angehörige, Pflegebedürftige und Pflegekräfte – Information über Rechte und Unterstützung in Notlagen.

Pro Pflege Selbsthilfenetzwerk
Harffer Straße 59
41469 Neuss
Tel. 02131/150779
www.pro-pflege-selbsthilfenetzwerk.de
Regelmäßig bundesweite Pflegetreffs für Fachkräfte und andere Interessierte, mit Diskussionen zur Neuausrichtung der Pflegesysteme.

Vereinte Dienstleistungsgewerkschaft ver.di
Paula-Thiede-Ufer 10
10179 Berlin
Tel. 030/69560
www.verdi.de

VIF Verein Integrations-Förderung e.V.
Klenzestraße 57c
80469 München
Tel. 089/2015466
kontakt@vif-selbstbestimmt-leben.de
www.vif-selbstbestimmt-leben.de
Der Verein unterstützt Menschen mit Behinderung in ihrem Bestreben nach Selbstbestimmung und Unabhängigkeit. Im Mittelpunkt der Dienstleistungen steht dabei die persönliche Assistenz.

Markus Breitscheidel

Abgezockt und totgepflegt

Alltag in deutschen Pflegeheimen

ISBN 978-3-548-36901-3
www.ullstein-buchverlage.de

Dahinsiechende Bewohner, ausgebeutete Arbeitskräfte, fragwürdig verwendete öffentliche und private Gelder – das, was Markus Breitscheidel während seiner Tätigkeit in verschiedenen Alters- und Pflegeheimen erlebte, sprengte nicht selten die Grenze der Menschenwürde und Rechtschaffenheit. Sein Buch ist ein erschütterndes Protokoll der katastrophalen Zustände in unserem Pflegesystem.

»Wie notwendig die Reform des Pflegesystems wirklich ist, zeigt dieses Buch.« *Welt am Sonntag*

»Dieses Buch schockiert Deutschland.« *TV Hören und Sehen*

US254